カント『判断力批判』入門——美しさとジェンダー

JN064843

家族へ

カント『判断力批判』入門

——美しさとジェンダー——

高木　駿

よはく舎

目次

凡例

・引用のさい、『判断力批判』を「KU」と略記
・『判断力批判』の引用箇所については、同書の節数を明記
・引用中の（　）は筆者、〔　〕引用者による括弧

はじめに

美とは何か？

みなさんは、美って何だと思いますか？

ちょっと僕の話をしますね。僕は美しいものがわかりません。とくに芸術作品がわかりません。小さいころ、ばあちゃんは僕を美術館に頻繁に連れていってくれました。戦前生まれでもしっかりした教育を受けていたばあちゃんは、きっと自分の文化資本を僕に相続させようとしてくれたのでしょう。ありがたい話です。が、美術作品の鑑賞は僕にとっては、よくわからないものを延々と見なければならない時間で本当に苦痛で苦痛でしかたがありませんでした。

成長して大学生になると、友人や先生、恋人なんかと美術館に行く機会もできました。「いい作品ですね」とか「美術館は楽しいよね」なんて言いながらも、やはり美しいものが理解できず、内心では「なぜお金を払ってまでこんなものを見なければならないのか」と不満たらたらでした。

これらの嫌な思い出は、僕が「美とは何か？」を探究する動機としては十分でした。僕の場合はマイナスの経験からのアクセスですが、この問いには、いろいろなアクセスの仕方がありうるでしょう。みなさんのなかには、綺麗なものが好き、美しい作品や自然が好きという理由からこの問いに興味を持った人もいるでしょうし、美術品はなぜ高く売れるんだろう、美しいものはどうして人をひきつけるんだろうという疑問から関心を寄せる人もいるでしょう。他にも、僕のように、それがよくわからないから知りたいと思う人もいるはずです。いずれにしても、私たちは、いろいろな理由や動機で「美とは何か？」という問いが気になるのです。

哲学者も同じです。いろいろな意味で美しさが気になる。なので、これまでに（そしていまも）「美とは何か？」が問われてきました。古代ギリシアに西洋哲学の起源があるとすれば（古代ギリシアを起源とするのは一つの説にすぎません）、哲学にはだいたい二五〇〇年ぐらいの歴史があります。そのなかで「美とは何か？」は問われ続けてきたのです。もちろん、長い歴史があるので当然さまざまな答えや理論が存在します。なら、それに助けを求めないわけにはいきません。

本書は、多くの哲学者のなかでもI・カント（1724-1804）の美学を取り上げます。カントの理論によって「美とは何か？」を考えていきましょう。ちなみに、カントは十八世紀のドイツの哲学者で、哲学の歴史においてもっとも重要な人物の一人です。一般には道徳哲学や倫理学における功績が有名です。でも、その一方で美の理論（美学）についてもカントは決定的な影響力を持っています。芸術学や美術史などの美をめぐる他の学問でさえ彼を取り上げなければならないほどです。

こんな解説書があってもいい？

しかし、カントは難しい。なかでも美学は輪をかけて難しい。というのも、美学は、彼の晩年にようやく体系化されたもので、それまでに体系化された（これまた難しい）理論哲学と実践哲学（倫理学）を前提としているからです。その難しさは、『判断力批判』（1790）というカント美学の代表作を紐解けばすぐに体験できますよ。『判断力批判』を一人で読解するのは無謀とも言えます。少なくとも僕には無理でした。最初は開いた本をそっと閉じた記憶があります。

それにもかかわらず、カントの美学は、彼の哲学の内部においても、あるいは他の哲学者の思想との関係においても、そして芸術学や美術史などの美に関わる他学問との関係においてもやはり重要な位置を占めます。そのため、カント美学は、哲学や美学関連の授業だけでなく、芸術や美術、果てはデザインや建築に関連する授業にも登場することがあります。運が悪いと、カント美学についての課題が出たりなんかして、理工学部の友人の絶望した顔はよく覚えています。

美しさが何なのかを知りたい、だからカント美学を勉強しよう！　というポジティブな流れがある一方で、関連する他の知識の獲得や理論の理解に支障をきたすからカント美学を勉強しないといけないというネガティブな流れも考えられます。事実、美に興味があるから入門書を教えてくださいという学生さんからの問い合わせだけでなく、アーティストや他分野の研究者から「カント美学を理解しなきゃいけないんだけど何を読んだらいいですか？」と尋ねられることがあります。

美学の著作『判断力批判』を読めれば、それが一番いいので『判断力批判』をすすめたくなりますが、やはり自力で読むのは難しいし、すすめて嫌になられるのも悲しい。そうなると、入門書や解説書をすすめることになります。が、ここで困ります。なにも、カント美学についてロクな本がないということではありません。問題はヴァリエーションの少なさにあります。

まず、大前提として、『判断力批判』の美学の部分（『判断力批判』には目的論などの哲学の他分野について書かれている箇所もある）を論じた本には研究書が多く、初学者におすすめできるものが少ない。専門性が高い本に偏る傾向があって、入門にふさわしい本が乏しいのです。

とはいえ、近年では良い本が二冊登場しました。熊野純彦さんの『カント美と倫理とのはざまで』（講談社、2020）と、小田部胤久さんの『美学』（東京大学出版会、2020）です。

前者は、『判断力批判』全体の読解を通じて、美学だけでなく、目的論についても、そして美と倫理との関係についても丁寧な解説を行なっています。『群像』での連載をまとめたものなので、読み手の哲学的知識を多少は要求するにせよ基本的には読みやすい。そして、何よりも二、三〇〇〇円（税別）と安価なため、すすめやすい。ただ、『判断力批判』全体を問題にするので、美学についての詳しい説明に欠けていたり、あとやはりちょっと難しい。

対して、後者の小田部さんの本は、『判断力批判』の美学の部分に特化しています。四〇〇頁もかけてとても緻密に註解していて、正確な理解の指針を与えてくれます。また、テキストの引用もかなり多く、『判断力批判』のテキストを読解するためには心強い一冊です。けれども、この本（『美学』）を読むために哲学的知識を多分に前提しなければならない点や表現の難しさ、逆説的にそのボリューム、そして五、五〇〇〇円（税別）という価格がネックになっています。

だったら、カント美学の解説書として、次のような本があってもいいのではないでしょうか？『判断力批判』の美の理論をとくに問題にし、そこまでの哲学的知識を前提することなく説明的に教えてくれる。ボリュームもありすぎず、安価。本書は、そのような本を目指しました。

ただ、先の二冊ほどではないですが、本書も読むのはそれなりに難しい（疲れる?）本になるでしょう。「簡単に説明してよ!」というニーズはわかります。しかし、哲学をちょっと読んだだけでわかるかたちにしてしまうと、本来の論点や概念を矮小化せざるをえなかったり、誤解や曲解を生じさせてしまったりします。それを少しでも避けるために、本書は、あくまでもカントの理解に依拠します。つまり、カント美学の難しさそのものは引き継いでしまうわけです。もちろん、哲学的知識がなくても読むことができるようなパラフレーズに努めますが、カント由来の難しさがその中心には残っているはずです。むしろこれを楽しんでくれると嬉しいです。

ジェンダーからの問題提起

次章からは『判断力批判』に従ってカントの美学を解説します。でも、ただ解説するだけでは、つまらないですね（僕が）。なので、解説とともに、カント美学に対して現代的観点から問題提起もしたいと思います。その観点とは、ジェンダー（＝社会的性差）の観点です。

さて、みなさんは、「美しい」という言葉を聞いてどんなものを連想しますか? S・ボッティチェッリ（1445?–1510）《ヴィーナスの誕生》（1438頃）やJ・フェルメール（1632–1675）《真珠の耳飾りの少女》（1665頃）などの絵画でしょうか? それとも、春の桜や秋の紅葉、冬の星空などの自然でしょうか? 人によって、これが一番というこだわりはあるでしょう。ですが、「美しい女性」を何番目かの候補にあげる人は少なくないはずです。なぜそのように連想するのでしょうか? ここでは、この問いをジェンダー

《ヴィーナスの誕生》

論をたよりに考えてみましょう。

異性を愛すること（＝ヘテロセクシャル）が「ふつう」である社会、つまり異性愛が規範化されている社会において、男女は、子をなし、家族を作り、次の世代を形成していきます。男性は家の外で仕事をし、女性は家庭に従事します。男性には労働に適した丈夫で屈曲な身体が求められるのに対して、女性には、男性の性的客体として魅力のある美しい身体が求められます。女性が美しくなければ、男女に愛は生まれず、性的関係も結ばれずに子が生み出されることもありません。異性愛を規範とする社会では、美は、家族形成・再生産の始点の一つになるため、「女性は美しくあるべき」というかたちで女性のジェンダー規範として機能すると考えられます。

たしかに、今日では、子供を持たない家族も増えたし、同性愛や両性愛も認められるようになってきました。しかし、そうは言っても、私たちの社会は、子供を持つこと、異性を愛することをまだまだ

《真珠の耳飾りの少女》

「ふつう」としています。ジェンダー規範は社会によって変化するものですが、今日の社会でも「女性は美しくあるべき」という規範が強く残っているように見えます。私たちのまわりには、いまもなお、女性にとって美が重要であると言う人々がいて、モノがあって、文化があります。それらの社会環境が、女性は美しくてあたりまえ、美しくあるべきという規範を私たちに内面化させるのです。その結果、私たちは美を女性に自然と結びつけるというわけです。

このような社会において性的客体としての女性の価値を決めるのは、男性です。男性の性的欲望に基づいて決定され、女性に負わされてきた性質が美しさに他なりません。これについて、上野千鶴子さんは、「彼女たちに『美』を与えたのは家父長的な男性の〔欲望の〕目線である」（上野 2009, 19頁）とまとめています。美とは、男性による女性への抑圧と支配の象徴として考えられるのです。

近年、美がセクシャリティ（およびジェンダー）の観点から論じられるようになったことを受けて、とくに英米圏のフェミニスト研究者を中心に、美学をジェンダーの観点から批判する動きが出てきました。これは、美学の論じてきた美しさが実は男性中心的な概念であったのかもしれない、そもそも美学の方法そのものが男性中心的だったのかもしれない、美学がジェンダー不平等に協力していたのかもしれない、といった疑いが生じたからです。

日本でも、複数の本がフェミニスト研究者によって出版されてきました。それにもかかわらず、その成果は、日本では美学や哲学の研究が男性中心的であることから軽視され続けてきました。僕も或る所属学会でジェンダーの観点からカント美学を批判したことがありますが、男性優位を内面化した人から非難を受けた経験があります。この状況はぜひとも見直されるべきです。

そこで、本書では、ジェンダーの観点による問題提起を行なっていきます。ぜひみなさんには、美しさとジェンダーの関係を美学の問題として捉えてもらえるようになれば嬉しいです。紙幅の関係もあるので、それ以外の批判は慎みます。しかし、ジェンダー以外にも、カント美学はいろいろな観点から批判されるべきです。そうでなければ、カントの理論はドグマになりはててしまい、美の理解も進展しなってしまいます。哲学には問題提起と批判が欠かせません。

後述するように、各章では基本的に『判断力批判』の構成にそったかたちで解説・考察を行います。それを経たうえで、各章のおわりの箇所では、その章で扱った主要概念や論点に対してジェンダーの観点からの問題提起や批判を展開したいと思います。僕自身が見つけた批判や問題提起もありますが、多くは国内外のフェミニスト研究者の業績に依拠しています。彼女たちの卓越した業績に敬意を払い、ここにそのことを強く指摘しておきます。

メインテキストは『判断力批判』

改めて、本書が扱うテキストは『判断力批判』です。カントには他にも、『美と崇高の感情に関する観察』（1764）という美を主題とする著作があります。それを批判的に乗り越えて、より洗練された美学を展開したのが『判断力批判』です。とはいえ、興味がある人は、もう一冊の方ものぞいてみてください。すぐに読めるとても短い著作で、人間観察に基づく記述が多く、美と崇高をめぐる当時の理解とともにカント自身の人間観を知ることもできます。

さて、『判断力批判』は、哲学体系論、目的論、神学といった、美学以外の哲学分野も扱っています。そのなかでも、本書がテキストとするのは「美的判断力の分析論」という美学に関わる箇所です。この「美的判断力の分析論」のなかには、崇高を探求する「崇高論」と呼ばれる箇所があります。本書は、「美とは何か？」をテーマにしているので崇高論は扱いません。そうは言っても、気になる人もいるでしょうから、カントが崇高をどのように説明するのか、僕の体験を交えて簡単に説明しておきますね。

僕は登山が好きです。以前三俣蓮華岳に登ったときに、山荘から見た星空が忘れられません。暗黒のなかで満天の星々が無数に輝き、僕を飲み込まんばかりの星空はまぎれもなく崇高なものでした。星空は、その量や大きさでもって、僕という存在がどれほど矮小であるのかを強制的に自覚させます。どうがんばっても、僕の感覚ではそれを把握することができません。ここで感じられるのが恐怖や不安です。みなさんも、自分を圧倒するものに出会ったときに恐怖のようなネガティブな感情を抱いた経験があるのではないでしょうか？

しかし、その一方で、それほどまでに大きな星空を前にしても、僕は逃げ出さず、無理だとわかっていても星空を把握しようと努めました。ついには、理性の理念でもって星空を無限なものとして捉えようとします。実際にそれはできないのですが、ここには人間の内面の強さが現れ、それにはポジティブな感情が抱かれます。自分を圧倒するものに立ち向かうとき、その人は自己に対して肯定的な感情を持ちます。このようなネガティブな感情とポジティブな感情（カントによれば快と不快）による混合感情を、何らかの対象について抱くときに、私たちはそれを崇高なものと判断するのです。崇高は混合感情の表れとして分析されます。

崇高論は、『判断力批判』のなかで美の理論が一通り説明されてから、それを踏まえたかたちで論じられます。なので、美の理論について本書で或る程度の知識がついたら、自力で読解に挑戦してみてもいいでしょう。

扱うテキストがはっきりしたところで、以下では、カントが美を説明するためにどのような方法を取ったのか、そしてどんな成果を残したのかを確認して、次章からの解説に備えましょう。

カント美学の方法

みなさんは、「美とは何か、説明しなさい」という課題を出されたら、どのように応答しますか？　実際、僕が在籍していた哲学科では似たようなレポート課題が出たことがあります。僕はどうしたらいいのかわからなくなり絶望したものです。おそらく、親切な先生なら「美しさを、これこれの理論から、これこれの観点から説明しなさい」というかたちで課題を出してくれるはずです。「美とは何か？」という問いは、手がかりなしで答えられるようなものではありません。

カントにとっても、それはそうです。手がかりが必要でした。そこで、カントがたよりにしたのが「趣味」という概念です。「え、なんで趣味？」と思った人は少なくないでしょう。趣味と聞くと、ふつうなら「あなたのご趣味は何ですか？」の「趣味」、つまりホビーを連想して、それと美がどんな関係にあるのかと疑問に思うはずだからです。しかし、ここでの趣味は、ドイツ語では「Geschmack（ゲシュマック）」と言い、英語では「taste（テイスト）」に当たるものです。日本語なら、「部屋の趣味がいいですね」の趣味が一番近い意味になります。

いやいや、この説明でもみなさんの「なんで趣味？」という疑問は解消されていないことでしょう。そこで、部屋の趣味がいい人を例にちょっと考えてみましょう。その人の部屋は、椅子やテーブルを始め、ソファ、テーブル、ラグ、観葉植物といったインテリアの配置や配色がうまく調和した部屋になっているはずです。趣味がいい人とは、その部屋のために、どんな家具を買うか、どのような配置にするのか、色の組み合わせはどうするのかを上手に判断する人のことです。この判断を可能としているのが趣味というわけです。趣味は、ことがらやものの良し悪しを評価・判断する能力なのです。

ドイツ語も英語の趣味も同じです。両者にはもともとは味覚という意味があり、これはものの美味しさや不味さを判断するものです。そして、趣味が判断する良さには美しさも含まれます。趣味のいい部屋、絵画、食器などはたいてい綺麗か美しい。この点を強調すれば、趣味は、何かが美しいかどうかを判断する能力として定義できます。これで趣味と美しさがつながりましたね。

カントの時代にも、趣味は美を判断する能力であり、すでに美学の中心概念の一つになっていました。そこで、カントは、趣味という能力を手がかりに、美しさを説明しようと試みたわけです。そのため、カント美学は「趣味論」や「趣味判断論」と呼ばれたりもします。カントにとって美は趣味の問題なのです。

とはいえ、趣味はどうやって美しさを判断するのでしょうか？　そこでカントが注目したのが私たちの感情の一種である「快」です。カントは、趣味を「快を通じて判断する能力」（KU序論第Ⅶ節）と説明します。例えば、バラが有名な旧古河庭園を散策していて庭に咲くバラを美しい（＝綺麗）と判断するのは、バラについて感じた快の感情に基づいて趣味がバラの美しさを判断したからです。

このように、趣味という能力、そして快という感情をたよりに、カントは美の理論を構築していきました。ただ、美、趣味、快の感情を結びつける方法は、カント美学に限ったものではありません。カントが影響を受けた、十八世紀の英国の哲学にも確認できる方法ですから。

カント美学の成果

それなら、カント美学のいかなる点が美学全体に決定的な影響を与えるほど画期的であったのでしょうか？　細かくあげればかなりの偉業を指摘できますが、大きくは次の三つの成果を指摘できます。

一つ目は、快の感情を分析・種別化し、趣味の根拠として適切な快の種類を特定したことです。快とは何でしょうか？　実はこれ、意外と難しい問いなんですよ。快という言葉を聞くと、爽快、快楽、痛快、快適などを思い浮かべる人もいるでしょうし、リラックスした状態、性的に気持ちがいい状態、物事がうまくいった状態などを想像する人もいるでしょう。快の感情の意味は極めて多義的で、だからこそ曖昧です。このまんま、美しさとは趣味が感情に基づいて判断するものだと説明しても、美しさも趣味の判断も曖昧なものになってしまいます。そこで、カントは、快の感情の分析を行い、そうした曖昧さを取り除くとともに、快のなかで趣味の根拠となりえるものを特定しました。とくに、快の感情が普遍的であると分析した点は独創的な成果でした。

しかし、感情なのに普遍的であるとは一体どういうことなのか？　みなさんは疑問に思うはずですが、いまはまだ謎のままで問題ありません。快の分析・特定はカント美学の主題なので、次章から丁寧に見ていきたいと思います。

二つ目の成果は、普遍的な快を正当化したことです。科学の法則から神の概念にいたるまで、人間には普遍的なものを求める傾向があります。さらに人間は、それだけでは飽き足らず、普遍的なものを正当化しようと試みさえします。法則には検証がなされ、神の存在証明も幾度となく試みられてきました。

快の感情の場合でも、それが普遍的なものであるのなら、その源泉、根拠、原理を問わないではいられません。普遍という概念にとくに敏感で、他の著作でもさまざまな普遍的なものを正当化してきたカントにとって、普遍的な快を正当化することは使命とさえ見なされたことでしょう。これについてもいまは詳しく論じません。詳細はおもに第五章で解説します。

これらの二つの成果は、三つ目の成果に結実しました。それが、美しさを一つの独立した概念にしたという成果です。これはカント美学最大の成果でしょう。このように言うと、「カント以前には美は美でなかったの？」と疑問に思う人もいそうですね。或る意味ではその通りです。

カントまでの哲学の歴史のなかでも「美とは何か？」という問いは中心的な問いとして存在していました。しかし、問題はその答えです。美しさは、多くの場合、善さの一種として考えられてきたのです。事細かには紹介できませんが、例えば、プラトン（前427ごろ-前347）は、美のイデア、つまり美の原型を善のイデアのもとに捉えています。しかも、美しさは劣った善さと見なされることもありました。美は、個々人で異なるあり方を持ち、個人的で感覚的なものと理解されたからです。哲学ではよく「真、善、美」というかたちで同格に並べられてきた一方で、美しさは善さに依存するものであると捉えられてきた伝統があったのです。

こうした伝統に対して、カントは、快の感情の分析と正当化を通じて、美しさに独自の根拠を与え、その根拠が正当なものであることを示しました。これにより、美は、独自の根拠を持つものとなり、善への依存から解放されたのです。カント美学は、二五〇〇年以上も続いた美と善の非対称的な関係に終止符を打ち、美しさを一つの独立した概念にしたのです。これは一つのパラダイムシフトでもあり、前代末聞の偉業でした。これによりカント美学は美学の歴史に対して決定的な影響を持つようになったわけです。

本書の進み方

以上、カント美学の方法と成果を簡単に確認してきました。いろいろとわからないところもあったでしょう。ただ、次の二点は明白だったはずです。まず、美しさを説明するためにカントは趣味と快の感情、とくに後者を考察の対象にしているということ。次に、快の感情の考察は、「快の感情の分析」と「快の感情の正当化」という二通りの仕方で行われるということです。

そこで、本書も、快の感情という概念を中心に、その分析と正当化について扱いたいと思います。カントは、『判断力批判』「美的判断力の分析論」において分析を踏まえて正当化に着手します。なので、本書もカントの論の展開に従い、まずは分析の方から始めましょう。

カントは、四つのセクションでこの分析を進めたので、私たちも四つに分けて考察を進めます（第一章〜第四章）。そのうえで、「正当化」の解説を行います（第五章）。本書の流れは基本的に「美的判断力の分析論」の流れに対応します。また、先述のように、各章のおわりでは、その章で扱った概念や論点に対してジェンダーの観点からの問題提起や批判を行います。

なお、本書とカントの説明のあいだで齟齬が生じることがあるでしょう。例えば、カントは実は快の感情ではなく趣味判断を分析／正当化の対象にしています。なので、快の感情の分析／正当化という表現は厳密に言えば間違っています。でも、実際にカントが問題の中心にするのは快の感情なので、本書ではそれを全面に出しています。本書では厳密さよりもわかりやすさを重視しました。

みなさんのなかには、『判断力批判』を読んでから本書を手に取った人もいれば、読む前の人もいるでしょう。後者の人のなかにはこれから読む人もいるのかもしれません。いずれにしても『判断力批判』の文章に触れた人は、本書とカントそのものの違いに気づくはずです。開き直るわけではないけれども、その違いを楽しんでください。本書をたよりにカントを読んで、今度はみなさんで解釈し、その解釈を紡いでみなさん自身の理解を編み上げてください。それこそが哲学の醍醐味です。

本論に入るまでの前置きが長くなってしまいましたね。意識が散逸しないためにも最後にまとめておきましょう。本書は、カント美学の中心的課題である快の感情の分析と正当化を解説する本です。それによって、みなさんには、カント美学のいわば骨子を知ってもらえればと思います。それができれば「美とは何か?」という問いにもおのずと答えが与えられるでしょう。

それじゃあ、始めましょうか。

第一章

無関心性‥快の感情の分析その一

まずカントは、趣味の根拠となる快の感情を、「～ではない」という否定的・消極的な仕方で分析しました。それが「関心を欠いた」あるいは「無関心な」快です。どうしてカントは消極的な分析を全体の分析の最初に行なったのでしょうか？　この消極的な分析にも積極的な意味はあるのでしょうか？

本章では、趣味のあり方をより詳しく見たうえで、「関心」と「無関心」を考察します。関心とはいかなるものであり、それが「無い」とはどんな状況なのか、考えていきましょう。

ちなみに、本章の内容は、『判断力批判』「美的判断力の分析論」の第一節～第五節に対応します。

第一節　趣味の能力と趣味判断

判断力としての趣味

カントは、『判断力批判』第一節の一文目で、趣味能力の働きを次のように定義しています。

われわれは、或るものの表象を、悟性を通じて、認識のために客観と関係づけるのではなく、（おそらくは、悟性と結びついた）構想力を通じて、主観および主観の快／不快の感情と関係づけることで、或るものが美しいか、美しくないかを判別する。（KU 第一節）

「悟性」や「構想力」などのよくわからない術語が登場する難解な文章です。ため息がでますね。おそらくカントは健全な学術的手続として（それか親切心で）、趣味の定義を最初に示しているのでしょうが、この文章のせいで、多くの人にとって、『判断力批判』は「最初からわからない本」になっています。

とはいえ、読解してみましょう。大意を取ることはそれほど難しくありません。快／不快の感情に基づいて、或るものの美しさ／美しくなさ（あるいは、醜さ）を判別する働きが趣味能力にあるというのが、この文章の大意です。難しいのは、或るものの表象に快／不快の感情を関係づけるとか、それが構想力と悟性によってなされるとかの限定がつけられている点です。

これらの点を理解するために、まずは、カントにおける「判断」と「表象」の概念をおさえましょう。判断とは、「判断が早くて助かった」や「状況を正確に判断する」に見られる決意や把握ではなく、「これはバラである」や「このワインはボルドー産だ」などの命題を指し、「SはPである」の形式、つまり主語に述語が結びつけられた形式を持ちます。カントは判断を「認識」や「経験」とも呼ぶので、判断とは、主語と述語からなる認識および経験と考えていいでしょう。

そして、判断に密接に関わってくるのが「表象」です。みなさんは、判断はどこで行われると思いますか？「頭や脳のなか」や「こころのなか」と答える人は少なくないはずです。カントも、似たような発想を持っていて、判断は「意識のなか」で成立すると考えていました。

でも、現実に存在するものは意識のなかに入れません。当たり前ですが、テーブルの上に置かれたワインを頭や胸のなかに入れるわけにはいきませんよね。ここで鍵になるのが表象です。表象とは、こころ（頭）に浮かぶイメージや表れであり、意識のなかにあるものです。目の前にあるワインは、ワインの表象にいわばコンヴァートされることではじめて人の意識のなかに入ることができます。これに、「ボルドー産」という表象（述語）が結びつけられて、「このワインはボルドー産だ」という判断が意識のなかで成立するわけです。つまり、判断が意識のなかで行われる限り、判断を構成する要素は表象でなければなりません。

判断と表象の関係を踏まえて、例えばバラの表象に快の感情が関係づけられる事態を考えてみましょう。感情は、僕が感じるものなので、それ自体が表象です。なので、バラの表象に快の感情を述語づけることは可能で、この述語づけを行う能力が趣味ということになります。趣味は、バラの表象に快の感情を述語づけることで、そのバラが美しいと判別し、「このバラは美しい」という判断を下します。逆に、不快の感情を述語づける場合には、バラは美しくない（あるいは、醜い）と判別され、「このバラは美しくない／醜い」という判断が下されます。

以下では、煩雑になりそうなので、バラの表象やワインの表象など「〜の表象」とは逐一書きません。ただ、判断において何かと何かが結びつく場合、それは表象だと思ってください。

このように考えていくと、さっき引いた引用は、趣味の、快／不快の感情に基づいて或るものの美しさ／美しくなさ（あるいは、醜さ）を判断する働きを説明していると読むことができます。カント哲学の知識を前提にしなければならないので、一読ではほぼ理解不可能なのですが、引用からは、カントが、趣味を感情を用いる判断力として定義していることはわかります。

さらに、趣味の働きを限定するのが、構想力と悟性との関係です。構想力と悟性は、認識の成立に関わる「認識能力」です。この二つの能力との関係は第二の分析で主題とされるので、詳しくは次章で見ましょう。ここで言えることは、快／不快の感情が、単なる感情ではなくて、構想力を軸とした認識能力に依存したものだということです。趣味は、感情を根拠に判断を下す能力であるものの、その根拠は認識能力との関係を前提としたかなり特殊なものになりそうです。

もう一度確認しておきましょう。趣味とは、特殊な快／不快の感情に基づいて、何か或るものが美しいか、美しくない（あるいは、醜い）かを判別する判断力です。これを定義していたのが、先の引用だったわけですね。

趣味判断と認識判断

趣味による判断は文字通り「趣味判断」と呼ばれ、それが下される事態は次のように説明できます。だれかが旧古河庭園で咲き誇るバラを見て、「このバラは美しい」という趣味判断を下します。このとき、その人のこころ（意識）のなかでおきているのは、趣味という能力が、バラに感じた快の感情をバラに述語づけ、そのバラを美しいと判別したという事態です。

カントは、「認識判断」という別の判断と比較することで、趣味判断の特徴を際立たせます。ここでは、カントと同じように、認識判断と比較して、趣味判断の特徴を考えてみましょう。

認識判断とは、「これはバラである」、「このバラは赤い」、「このワインはボルドー産だ」など、客観（これ、バラ、ワイン）の認識を指します。認識判断は意識のなかで対象に述語が結びつけられることで成立します。ここで述語となるのが「概念」です。或るものにバラの概念が結びつけられれば「これはバラである」、バラに赤の概念が結びつけられれば「このバラは赤い」が成立します。

概念とは思考の形式であり、私たちの考えや思考にまとまりを与え、それらが支離滅裂になることを防いでくれます。一度でもバラの概念を獲得していれば、次にバラのような花を見たときにも、それがバラだとすぐに認識できますよね。逆に概念がなければ、思考は支離滅裂になり、それがバラかどうかも、それが赤いかどうかもわからなくなり、認識は成り立ちません。認識判断は、概念に基づく判断であり、思考の形式を持つ点で「論理的判断」と呼ばれます。ちなみに、この思考の形式としての概念を司る認識能力が悟性です。

対して、趣味判断は、「美的判断」と呼ばれる感情に基づく判断であって、当然ながら、概念に基づかず論理的でもありません。思考の形式を持っていません。じゃあ、こうなると、趣味判断は、個人の感情の吐露や表現を行う、統一を欠いた、場合によっては支離滅裂な言明になってしまい、おたがいに理解したり、共有したり、伝達したりできなくなるような気がします。

だけど、実際にはどうでしょうか？　僕はパートナーと芸術作品についてたまに話します。A・ムハ（1860–1939）の《春》（1896）が美しいかどうかについては意見がわれるのに対して、G・クリムトの《接吻》（1908）については二人とも美しいと同意しました。おたがいの趣味判断について分かり合えないことがあるとはいえ、私たちは、何が美しいかそうでないかについて、自然と話し合っているのではないでしょうか？　それどころか、特定の美しいものについては、評価を共有・伝達し合ったり、同意したりしているのではないでしょうか？

趣味判断は、感情に基づく点で論理的ではない一方で、単なる個人の感情の吐露や表現にとどまるものでもありません。趣味判断は、なぜか支離滅裂な言明にはならず、他者に共有・伝達され、おたがいの同意にいきつくことさえあります。つまり、趣味判断には思考の形式とは異なるけど何か形式のようなものがあり、それによって他者との共有や伝達が可能になっていると考えられるのです。概念ではなく感情に基づくにもかかわらず、統一を失うことなく他者に共有・伝達されえる不思議な判断、これが趣味判断の特徴と言えます。

繰り返しになりますが、趣味とは、或るものに特殊な快／不快の感情を接続し、その対象が美しいか、

《春》

《接吻》

美しくない（あるいは、醜い）かを判別し、趣味判断を下す能力です。問題は、ここで趣味判断の根拠となり、美しさ／美しくなさ（あるいは、醜さ）を決定する快／不快の感情がいかなる意味で「特殊」であるのかという点です。この「特殊さ」を明らかにしていくのが快の感情の分析になるわけですが、それは少なくとも先に見た趣味判断の不思議な特徴を説明するものでなくてはなりません。

カントは、この分析を四つのセクションに分けて行います。本章では、快の感情が無関心なものとして分析される一つ目の分析を見ていきましょう。

なお、カントの分析対象は快の感情であり、不快の感情はほとんど論じられません。ただし、カント美学において不快の感情が何の意味も持たないのかと言えば、そうではないでしょう。例えば、カント美学のなかで醜さという概念を探求するさいには、不快の感情がもっとも重要な手がかりになったりします。

第二節　関心とは何か？

欲求能力を動かす感情

快の感情の分析は、次の一文から始まります。

趣味判断を規定する満足は、あらゆる関心を欠いている。（KU V 第二節）

ここでの「満足」は快と同じ意味で使用されています。趣味判断の根拠となる快の感情は無関心なのです。以下では、満足と快の感情は同じことを意味するとして、後者に統一して話を進めます。

とはいえ、そもそも関心とは何でしょうか？　関心の意味がわからなければ、無関心性の意味も当然わかりません。みなさんは、僕の本に関心があったから、ここまで読み進めてきたはずです。「興味」と言い換えてもいいかもしれませんね。この本に関心がある、興味があるということは、みなさんが本に惹かれていて、面白そうだと注意を払い、こころよく思っているということではないでしょうか？　関心も興味も、みなさんのポジティブな心持ちや気持ちを表す感情と言えます。ここからは、関心が快の感情の一種であるということがわかります。

カントによる厳密な説明を見てみましょう。

関心と呼ばれる満足は、欲求能力を規定する根拠としてか、あるいは、欲求能力を規定する根拠と必然的に連関するものとしてか、そのいずれかとして、つねに同時に欲求能力との関係にある。（KU第二節）

関心は、満足と同一視され、やはり快の感情の一種と説明されています。そして、関心は、欲求能力を規定し、決定し、つまり動かします。欲求能力とは、欲求との関係から行為を導く能力のことで、後述の通り、「傾向性」と「意志」とに分類されます。引用のなかで欲求能力との関わり方が二通りに記されているのは、そのためです。いずれにせよ、カントの強調点は、関心が欲求能力を規定するという点にあります。

僕の本に関心（興味）を持ってくれたみなさんは、実際にこの本を手に取ってくれています。本に対する関心がみなさんの欲求を動かし、欲求能力を介して本を手に取る行為を導いたわけです。カントは小難しく説明していますが、それが意味するところは、関心についてのかなり素朴な理解ではないでしょうか？

先の「趣味判断を規定する満足は、あらゆる関心を欠いている」という分析は、こうした関心という快の感情から、趣味判断の根拠になる快を明確に区別します。バラに関心を結びつけると、趣味判断を下すことも、バラの美しさを言明することもできないということです。欲求や欲望にまみれた者に本当の美しさはわからないという理解は一般にも受け入れられていますよね。

ただ、ここでの分析は否定的・消極的なものにすぎないので、より重要なのは、関心が否定・排除された快の感情がいかなるものであるのか、この分析にはどんな積極的な意味があるのかです。また、なぜカントは、この消極的な分析をはじめに行なったのかについても考える必要がありそうです。なので、もう少し関心概念を詳しく見ていきましょう。

快適なものについての関心

カントは、関心を欲求能力との関わり方に応じて二つに分けます。まずは、傾向性に関わる関心から見ていきましょう。この関心は「快適なものについての関心」とも言われます。

傾向性が能力であると言われて、腑に落ちるのは哲学・倫理学を学んだことがある人だけでしょう。そもそも「傾向性」という言葉自体、はじめて耳にする人がほとんどではないでしょうか？　近い言葉に、「入試の傾向と対策」などで何度も耳にしているであろう「傾向」という言葉があるので、ここでは傾向から傾向性という能力を考えてみましょう。

例えば、僕にはボルドー産のワインを好んで飲む傾向があります。バーで飲んだボルドーワインがたまたま美味しかったためか、その後もボルドーワインがリストにあれば、僕は嬉々としてそれを注文し、飲んでいます。ワインを飲んだ僕は、それを美味しいと感じるので、少し経つとまたボルドーワインが飲みたくなります。そして、どこかで再びボルドーワインを飲みたいと思います。これが僕の、ボルドーワインへの傾向ができた経緯です。この傾向は、僕の欲求をボルドーワインへと向かわせ、ワインを飲むという行為を帰結させます。この行為を導くという能力の面が強調されたものが傾向性と表現される欲求能力に他なりません。

こうした傾向性を規定するのが、快適なものについての関心です。この関心は、その人がどんな傾向を持つのか、いかなるものへと傾くのかを決めます。では、快適なものとはどんなものでしょうか？

> 快適なものは、感覚において諸感官に気に入られるところのものである。（KU 第三節）

「諸感官」とは、視覚、聴覚、触覚、味覚、嗅覚の五感のことです。例えば、味覚や嗅覚が感覚的に気に入れば、ボルドーワインは快適なものになります。他にも、鈴虫の音色を聴覚が気に入れば、コスモスの色を視覚が気に入れば、鈴虫の音色もコスモスの色も快適なものになります。そして、これらを快適なものと見なすさいに感じるのが快適さの感情です。快適さは、何かを感覚的に気に入り、ここちよいと感じることであり、快の感情の一種に数えられます。

僕の舌と鼻はボルドーワインの味を気に入り、僕はワインに快適さを感じます。快適さは、「またボルドーワインを飲みたい」という欲求を僕のなかに掻き立て、僕は再びボルドーワインを口にします。これが繰り返されてできあがるのが、ボルドーワインへの傾向です。ボルドーワインに感じた快適さは、ボルドーワインへと、僕を傾かせ、僕の傾向性を決定します。要するに、快適さは傾向性を特定の対象へと規定する快の感情であり、それが快適なものについての関心の内実です。快適なものについての関心＝快適さの快の感情ということです。

ところで、みなさんは、ボルドーワインはお好きですか？　まず、体質がアルコール自体を受けつけないという人がいるかもしれません。飲めても苦手という人もいるでしょう。次に、アルコールを好む人でも、ワイン好き、日本酒好き、ビール好きなどに別れます。ワイン好きのなかにも、ボルドーなのか、ブルゴーニュなのか、マールボロなのか、さまざまに好みが別れます。さらには、ボルドーでも、どのアペラシオン（原産地の呼称）がいいのか、どのシャトーがいいのか、どの年がいいのか、好みが分かれます。極めつけは、同じ年の同じシャトーの同じワインであっても、好みが別れることさえあります。

このように好みが分かれる原因は、それぞれの人の味覚や嗅覚、もっと言えば五感（＝諸感官）が異なるからです。五感は、各人に唯一無二のものであり、極めて個人的で私的なものなのです。なので、五感に基づく快適なものについての関心（＝快適さの快感情）も、個人的で私的なものにならざるをえません。この個人性・プライベート性が、快適なものについての関心の最大の特徴です。僕の傾向性をボルドーワインへと規定する快適なものの関心は、他のだれでもない僕だけのものなのです。

善いものについての関心

次に、意志という欲求能力と関わる関心、「善いものについての関心」を見ていきましょう。

意志が行為を導く欲求能力であることは、「意志が弱いから、行動に移せない」などの台詞が使い古されていることからもわかるように、一般に受け入れられています。より哲学的に言えば、意志とは、目的を立て、その目的のために、欲求を制御して行為を導く能力と言えます。意志が強い人とは、みずから立てた目的のために、他の誘惑にも負けずに特定の行為を導ける人です。

この意志の決定に関わるのが、善いものについての関心です。善いものは、次のように説明されます。


善いものとは、理性を介して、単なる概念を通じて気に入るところのものである。われわれは、手段としてのみ気に入るものを、何かのために善いもの（有用なもの）と名づける一方で、おのずから気に入るものを、それ自体で善いものと名づける。（KU 第四節）

善いものは二つに区別されますが、概念的に気に入られるという共通の特徴を持っています。この概念は、前節で登場した思考の形式である悟性の概念ではありません。目的に関わる理性の概念です。理性は、対象が何のためにあるべきかを決定する目的の概念を用いて、意志の目的に適ったものを定めます。このとき、理性は、目的に適ったものを気に入ります。この気に入られたものが善いものです。

例えば、人命救助という目的を立てた場合、目的そのものである人命が善いものであることはもちろん、それに役立つ医療や経済援助、さらには軍事力までもが善いものになります。

この具体例には、善いものの二つの区別が反映されています。一つは、人命救助という目的のために役立つとして気に入られるもの、具体的には、医療、経済援助、軍事力といった「何かのために善いもの（有用なもの）」です。目的のために役立つ手段や道具のことですね。もう一つは、目的そのものとしておのずから気に入られるもの、具体的には、人命という目的そのものであり、「それ自体で善いもの」です。善いものは厳密には二つに区別されるのです。

とはいえ、いずれの善いものも、理性が目的の概念を通じて気に入るものであるという点は変わりません。理性は、医療が人命のためにあるべきものであると目的の概念によって定められるからこそ、医療を目的のために善いものとして気に入ります。人命についても、それ自体のためにあるべきものとして定められるからこそ、人命をそれ自体で善いものとして気に入ります。カントの力点は、両者の区別というよりも、両者の共通の特徴の方にあります。どちらの善いものについても、概念的に気に入られるので快の感情が生まれます。快適さの感情の場合と同じく、この善さの感情が善いものについての関心の内実になると考えられます。

それでは、善さの感情は意志の規定にどのように関わるのでしょうか？　意志は、みずから立てた目的のために行為を導く能力なので、意志を直接に決定するのは目的と手段です。私たちは、この目的と手段を善いものとして気に入る以上、善さの快の感情を感じざるをえません。つまり、善さの感情とは、意志を決定するものに必ずともなわれる感情なのです。

善さの感情は、「欲求能力を規定する根拠〔＝目的と手段〕と必然的に連関する」快の感情です。快適さの感情のように「欲求能力を規定する根拠」ではありませんが、欲求能力を規定する根拠の側にいつもあって、つねに欲求能力との関係にあります。この点で関心と呼ばれます。

こうした善いものについての関心には、快適なものについての関心とはまったく異なる特徴があります。目的の概念は、理性を持つどんな人にも当てはまるだけでなく、客観〔＝対象〕を規定しもするので、その概念に支えられる関心は普遍的で客観的なものになります。

例えば、医療が人命救助のためにあるべきと定める概念を用いた者はみな、医療に善さを感じます。ここに例外はありません。医療の善さは、その概念を用いるすべての人にまさに普遍的に妥当します。そして、医療という客観を定めている点には客観性も主張されます。同じ目的の概念を使用する者はその対象（＝客観）について例外なく善さの感情を抱かざるをえません。

このように、善いものについての関心（＝善さの快感情）には客観性・普遍性という特徴が確認されるのです。個人性・プライベート性という快適なものについての関心とは対照的な特徴ですね。

第三節　無関心性の意味

純粋な美しさ

以上のように、関心には、快適なものについての関心（＝快適さの快感情）と善いものについての関心（＝善さの快感情）という二つが存在します。カントによると、関心はこの二種類だけです。つまり、趣味判断の根拠となる快の感情はすべての関心から区別されるということです。それが無関心性です。

それでは、この無関心性の分析にはどのような積極的な意味があり、なぜカントはこの分析を第一に行なったのでしょうか？　以下では、これまでに見た関心の意味を踏まえたうえで説明していきましょう。

　さて、カントは、関心が混入した趣味判断について次のように論じています。

　　少しでも関心が混じっている、美についての判断は、まさに党派的であり、純粋な趣味判断ではない。（KU第二節）

関心が混入した趣味判断は、純粋な趣味判断とは対照的に「党派的」になります。特定の一派や派閥に属している事態を党派的と言います。趣味判断の場合は、関心の種類に応じて二つの党派が考えられます。

　一つ目は、快適なものの党派です。ここでは、快適なものについての関心が趣味判断の根拠とされます。コスモスの色を視覚的に気に入った場合、コスモスには快適さの快の感情が述語づけられます。その結果、「このコスモスは美しい」という判断を下すことになっても、その美しさは快適さを内実とします。この快適なものについての関心に基づく美の判断は、快適なものが美しいものであると論じることで快適なものの党派に与します。この党派では、味、色彩、音色、性的快楽などの五感に依存した感覚的なものが美を支配します。

　もう一つは、善いものの党派です。ここでは、善いものについての関心が趣味判断の根拠とされます。コスモスはだれかを喜ばせるための贈り物にもなるので、何かのために善いもの（＝有用なもの）として気に入られ、善さの快の感情が述語づけられます。その結果、「このコスモスは（花束にふさわしくて）美しい」という判断を下しても、その美しさは善さ（＝有用さ）の現れでしかありません。それ自体で善いものについても、同じようになります（例えば、「生命は美しい」などです）。こうした判断は、善いものが美しいものであると論じ、善いものの党派に与します。こちらの党派では、理性的なものが美を支配します。

関心が混入し趣味判断が二つの仕方で党派的になるという事態は、美しさが快適さや善さに取り込まれるという事態です。そこでは、美しさは、どっかの政党の人が党議拘束を受けるように、感覚的であるか理性的であるかのいずれかのあり方を強いられ、感覚か理性かのいずれかに依存させられます。これに対して、カントが目指したのは、こうした党派的なあり方とは対照的な純粋さであって、感覚および理性という党派の原理に依存しない自由です。

したがって、純粋な趣味判断、純粋な美しさを可能にするものが、判断を党派的にしてしまう関心の否定と排除であり、無関心性という快の感情の分析に他なりません。これにより、快適さと善さから独立した純粋な美しさの領域が確保されます。何よりもまずはこの領域を確保する、それが、このあとの論を展開するうえで欠かせなかったからこそ、カントは、無関心性の分析を最初に行なったわけです。そして、ここで趣味判断および美しさの純粋性が確保されたという点には、無関心性という消極的な分析が持つ積極的な意味が見出されるのです。

ただ、もっと重要なのは、こうした美しさの原理とはいかなるものであるのかという点です。美しさが、感覚にも理性にも依存しないのであれば、自らに固有な原理を必要とするからです。これが何かわからなければ、いくら純粋な美しさの領域を獲得したと言っても、美しさはよるべきものなき砂上の楼闇になってしまいます。美の原理は、無関心な快の感情が趣味判断の根拠である限り、その感情の原理でもあるはずです。この原理については、以下の各章で快の感情の分析、そして正当化を見ていくなかでだんだんと明らかになっていくでしょう。

第四節　カント美学とジェンダー

ところで、みなさんは、「エロティックな美しさ」と聞いて何を想像しますか？　「はじめに」の『美しい』という言葉を聞いて何を連想しますか？」という問いかけのときと同じように、おそらくここでも、少なくない人が女性を、それもヌードの女性を想像するのではないでしょうか？　画像はティツィアーノ（1490-1576）《ウルビーノのビーナス》（1538頃）とJ・ジェローム（1824-1904）《ローマの奴隷市場》（1884）です。

エロティックな美は、感覚的なこころよさ、とくに性的な快楽や肉体的な喜びに基づきます。性的および肉体的な欲望の対象を見る、手に入れる、愛でる、こうしたことが快楽や喜び、こころよさを呼びおこし、その対象は美しいと見なされます。異性愛が規範化された近代・現代の社会では、性的欲望の主体には男性、客体には女性が割り振られてきました。男性は見る者であり、女性は見られる者だったのです。そこでの権力は主体たる男性にあります。こうした偏った権力関係のなかで男性が女性に見出

《ウルビーノのビーナス》

したものがエロティックな美です（古代ギリシアなどの異性愛を規範としない時代や社会では、エロティックな美が男性に帰されることもあったでしょう）。

エロティックな美を決め、評価するのは男性です。女性は、性的客体として、男性が決定するエロティックな美に従うことになります。ここには、「美の家父長制」とでも言うべき構造を指摘できます。現代では、この構造は、芸術だけでなく、美少女コンテストやミスコン、いわゆるグラビア、漫画やアニメ、ポルノなどのなかにもたやすく確認することができます。

カントは、こうしたエロティックな美を純粋な美しさではないと言うでしょう。なぜなら、無関心性の分析は、エロティックな美の根底にある性的欲望を、それが感覚的なものである点で排除するからです。カントにとって、エロティックな美は、快適なものの党派に下った判断が言明する快適さでしかありません。であれば、無関心性の分析には、美の家

《ローマの奴隷市場》

父長制を解体する力が、美をめぐる性の非対称性を質す力があるのではないでしょうか？　カント美学は、純粋な美しさという概念によって、ジェンダー中立を可能にする理論なのではないでしょうか？

このように、一見すると、カントの無関心性の分析には、ジェンダーの観点からも積極的な意味を見出すことができそうですが、おそらくそう上手くはいかないでしょう。なぜなら、純粋な美しさには性の非対称性や美の家父長制をむしろサポートしてしまう可能性があるからです。ヌードの女性を例にとって考えてみましょう。

たしかに、純粋な美しさは、ヌードの女性を性的客体として見るさいの美しさを否定します。しかしその一方で、ヌードの女性が美の客体として判断されることを否定しはしません。無関心な快の感情を根拠にすれば、ヌードの女性を純粋に美しいと判断できるからです。問題は、この判断が美の家父長制という構造のなかでなされる場合です。

この構造の権力者たちは、きっと次のように言うことでしょう。「カントも、ヌードの女性を純粋な美の客体にする。そうであるなら、ヌードの女性を美の客体とするのはやはり正しいではないか。われわれがやってきた通り、女性は美の客体なのだ」。もちろん、最後の「美」はエロティックな美の意味です。これはカントからすれば間違いだらけの推論ですが、権力者は純粋な美という概念を自身が属する構造を正当化する根拠として使用します。こうした言説を信じる人も少なからずいるでしょう。

そして、場合によっては、ヌードの女性どころか、女性の人権を無視する内容のポルノ動画や法に触れる盗撮までもが無制限に正当化されてしまうかもしれません。このように、純粋な美しさには、美の家父長制を解体するどころか、むしろサポートしたり、ときには強化したりする危険性があるのです。

もちろん、この危険性は、純粋な美しさという概念が誤って理解・使用されることから生じるもので、カント美学に内蔵されているものではありません。その意味で、カント美学そのものに責任を問うことはできないのかもしれません。でも、この危険性は、美の家父長制が構造としてある限りは、純粋な美しさにいつでもつきまとう問題のはずです。この問題にカントが気づけなかったのは確かです。

本章では、趣味能力と趣味判断のあり方を確認したうえで、快の感情の分析の最初のステップ（＝第一のセクションにおける分析）を見てきました。最後にをまとめをしておきましょう。

趣味という能力は、例えばバラに快／不快の感情を接続し、バラが美しいか、美しくない（あるいは、醜い）かを判別します。バラに快の感情が述語づけられると、「このバラは美しい」という趣味判断が成立します。ただし、快の感情には種類があって、どの快でも趣味判断の根拠になりえるわけではありません。そのため、カントは快の感情を分析しました。

第一の分析では、快の感情は、関心としての快の感情と、関心を欠いた無関心な快の感情とに区別され、後者こそが、純粋な美しさを言明する趣味判断に適切な根拠と見なされました。

快の感情の第二の分析では、ここで分析された快の感情の無関心性から普遍性が導かれます。次の主題は「普遍性」です。また、第二の分析では、趣味判断の根拠になる快の感情はどこから生じるのか、この問題が問われ、快の感情の源泉（原理）についても解明が進められます。カントは、快の感情の分析を進めることで、美しさの原理に近づいていきます。詳しくは次章で。

第二章

主観的な普遍性：快の感情の分析その二

第一の分析では、無関心性という特徴が分析されました。カントは、続く二つ目の分析で、無関心性という特徴をさらに分析し、快の積極的な特徴を見つけ出します。それが普遍性です。

本章では、快の感情の普遍性という特徴を中心に解説します。快の感情が普遍性を持つという事態は、一見すると変というか不思議な感じがしませんか？　感情は主観的なものである一方で、普遍性は主観を超えるようなものであると、ふつう私たちは理解しているからです。なので、主観的なものが普遍的であると言われても、素直には受け入れられないはずです。カントが言うところの感情が普遍的であるとは一体いかなる事態なのでしょうか？

また、本章では、快の感情がどこから生み出されるのか、その源泉についても迫っていきましょう。源泉がわかれば、快の感情の原理、そして美しさの原理に近づくことができます。

本章の内容は、『判断力批判』「美的判断力の分析論」の第六節～第九節に対応します。

第一節　無関心性から導かれるもの

普遍性の導出

カントは、第二の分析に入ってすぐに次のように言います。

「美しいものは、概念を欠いて、普遍的な満足の客体として表象されるものである」という美しいものについての解明は、美しいものの先の解明、つまり無関心な満足〔＝快の感情〕の対象とした先の解明から導くことができる。（KU 第六節）

無関心性という特徴からは普遍性が導き出されると言うのです。しかし、なぜそのような導出ができるのでしょうか？　カントは、その直後に理由をしっかりと説明しています。

なぜなら、その満足は主観の何らかの傾向性に基づかず、判断する者は、自身が対象に捧げる満足に関して、自身が完全に自由であると感じるゆえに、その人は、満足の諸根拠として、みずからの主観のみが依拠するどんなプライベートな制約をも見出すことができず、だからこそ、その満足が、他のどんな人にさいしても前提されうるもののうちで根拠づけられていると見なさねばならないからである。したがって、その人は、類似した満足をあらゆる人に期待する根拠を持つと信じなければならないのである。（KU 第六節）

趣味判断の根拠が無関心な快の感情であると考えた人は、その感情がプライベートなものに基づいていると考えることができません。無関心性という規定が、個人の感覚に依存するもの〔＝快適なもの〕を排除するからです。この排除は、快の感情の根拠として、どんな人にも前提されうるもの、つまりあらゆる人に共通した普遍的な基盤のようなものがあることを確信させます。つまり、無関心性という特徴が快の感情のプライベート性・個人性を否定しているからこそ、その裏面として、あらゆる人に共通するという意味での普遍性が導かれるのです。

ただし、この普遍性には「概念を欠く」という但し書きがつきます。これはかなり特徴的な点です。というのも、基本的にカント（他の多くの哲学者も同様ですが）哲学では概念のうえに普遍性が成り立つからです。概念が普遍性を支えるわけです。それにもかかわらず、快の感情の普遍性は概念とは無縁で、それに基づきはしないと言うのです。その理由は、無関心性という特徴のために、善さの感情が排除されると同時に概念的なものが排除されるからです。

このように、快の感情が無関心であるという分析からは、たしかに普遍性という特徴が導かれました。ただし、この普遍性は概念を欠いた何とも奇妙なものです。この奇妙な普遍性を理解することが本章のテーマです。

二つの趣味

趣味の基本的な意味は、良し悪しを評価・判断する能力（＝判断力）であるという点にあります。日常のなかでこの能力がもっとも発揮されるのが「好み」です。私たちは、自分の趣味によって良いと評価したものに親しみを感じます。多くの人が好きになるものもあれば、ほんの一部の人にしか好かれないものもあります。カレーが好きな人は多いでしょうが、鮒寿司は違います（苦手な人が多い）。人にはそれそれ好みがあって、「蓼食う虫も好き好き」という諺もありますよね。カントの時代にも同じように「各人は各人の趣味を持つ」という決まり文句がありました。

それでは、どうして各人の趣味（＝好み）はそれぞれの人で異なるのでしょうか？ カントは、それが快適さ／不快適さの感情に基づくからと分析します。これらの感情は、個人に固有である五感に由来する個人的（＝私的）な感情です。僕の味覚はボルドーワインに快適さを感じるのでそれを好むわけですが、みなさんのなかには、むしろ不快適であると感じ、嫌う人もいるかもしれません。逆に、みなさんが快適だと感じたものを、僕がそう感じないこともあります。個人的な感情から好き嫌いを決定しているために、各人の趣味は人それぞれ違うのです。

そして、だからこそ、相手の好みが理解できないという事態が頻繁に生じます。カントの例を借りれば、「紫色は、或る人には柔らかく好ましいが、他の人には死んだ生気のないもので〔快適ではない〕」（KU第七節）とされ、視覚の好みの不一致が紹介されています。他にも、僕は基本アルコールを好みますが、一部の焼酎についてはあまり好きではなく、好んで飲む人の趣味が理解できません（酒の話ばかりですみません）。味覚の好みの不一致です。

しかし他方で、好みが一致する場合もあります。僕もパートナーもフィグの香りが好きで、フィグの柔軟剤を愛用しています。嗅覚の好みの一致です。しかし、フィグの香りならどの会社の柔軟剤でもいいわけではなく、それを片方が嫌う場合もあります。たしかに好みが一致する場合もありうるんだけれども、それはあくまでも偶然的でしかないということです。

カントは、こうした好みとしての趣味から自分の主題とする趣味を区別します。この区別に貢献するのが無関心性という特徴です。個人の感官や感覚に基づく個人的な感情を排除するからです。無関心な快の感情に基づく趣味は、快適さの快感情に基づく趣味の特徴を否定するのです。

つまり、カントが問題とする趣味は、個々人を超えて、すべての人に共有されうるものです。これは、趣味判断には、あらゆる人が偶然的ではなく必然的に一致する可能性があることを意味します。この可能性を背景に、趣味判断を下した人は、その判断に自分以外のすべての人が一致することを期待します。そして、この期待があるからこそ、すべての人が自分の判断に一致すべきであると要求するにまでいたるのです。快の感情の普遍性が具体的に意味するのはこうした事態です。

「この花、綺麗だね」という趣味判断には、「みんなも、もちろんそう思うでしょ」というあらゆる人に対する賛同要求が含まれています。とくに芸術鑑賞では、この言外の意味が顕著になるのではないでしょうか？　だれかと作品を鑑賞したときに、美に関わる発言があれば、言外の賛同要求を感じざるをえません。

第二節　快の感情の普遍性

客観的な普遍性

カントは、快の感情の普遍性へと、もう一つの普遍性との比較を通じて迫っていきます。もう一つの普遍性とは「客観的な普遍性」です。まずは、この客観的な普遍性の方から見ていきましょう。

哲学者は「普遍性」という言葉に敏感です。或る哲学者は、何かを基礎づけるために普遍的なものを必要とし、また或る哲学者は、普遍的なものへと偏愛する他の哲学者を批判するために、普遍性の概念を批判しました。いずれにせよ、哲学者は、普遍性を特徴とするものやことがら、事態に興味を持たずにはいられない動物のようです。しかし、普遍性とはそもそも何なのでしょうか？

一般に普遍性と呼ばれるのは、何かがすべてのものや人に当てはまる、妥当する、通じる事態です。例えば、万有引力などの自然法則（＝自然科学の法則）は、人間も含めたすべての自然物に当てはまる普遍的な法則ですし、人権もあまねくすべての人に認められるべき普遍的な権利と言えます。多くの哲学者たちにとっての問題は、これらのものがなぜ普遍的でありえるのか、その根拠や原因、基盤でした。カントの場合、それは概念に求められました。

本書では、これまでに、思考の形式としての概念と目的の概念という二種類の概念を確認しました（第一章第一～二節を参照）。少し復習です。前者は、悟性の概念であり、認識の対象を規定します。例えば、或るもののにバラの概念を述語づけることから成立するのが「これはバラである」という認識判断でした。或るもの（＝これ）は、概念によってバラという認識の対象として規定されたわけです。また、思考の形式としての概念は、思考にまとまりを与え、判断に統一を与えます。バラの概念を持っていれば、バラを違う花として認識することはないでしょう。

これに対して、目的の概念は、理性の概念であり、対象が何のためにあるべきかを決定します。例えば、医療は人命救助のためにあるべきものとして定められ、その概念を用いた人すべてに気に入られます。医療は、そうした人すべてに何かのために善いもの（＝有用なもの）になるわけです。

このように二つの概念には別々の役割が担わされる一方で、共通する点もあります。それが、概念が対象、つまり客観を規定するという点です。悟性の概念は対象を認識の対象として、理性の概念は善いものとして規定します。いずれの概念も、客観（＝対象）の規定に関わります。

こうした客観との関わりにおいて概念は普遍性を支えることになります。何かを認識する人／善いものと見なす人は、概念を通じてしか客観にアクセスできません。認識について言えば、バラの概念がなければ、それがバラであるとは認識できませんよね。逆に、それをバラであると認識できるのは、概念を通じて認識の対象としてのバラにアクセスしているからです。「これはバラである」という認識判断を下す人は、だれもが例外なく、バラの概念を通じてバラという客観につながるのです。そのため、「これはバラである」という認識は、バラの概念を用いてバラという客観とつながり、それをバラとして認識するどんな人に対しても例外なく当てはまります。これは対象を善いものと見なす場合も変わりません。

要するに、概念と言われるものには、それを使って客観の規定を行うすべての人をその規定に関与させる力があって、この力こそが普遍性を直接に支えるものとなっているのです。

カントは、この概念に基づく普遍性を「客観的普遍性」と呼びます。「客観的」と形容されるのは、ここまで見てきた通り、概念が客観の規定に関わる点で普遍性を支えるためです。そして、この普遍性を持つのが、「これはバラである」、「医療は人命救助のために有用である」といった概念に基づく判断です。

これらの判断は、概念によって客観を規定するすべての人に妥当するという意味で「客観的普遍妥当的判断」と呼ばれます。「客観的普遍性」とか「客観的普遍妥当的」とか、かなりいかつい表現ですが、カントが言いたいことはわりとシンプルです。バラの概念に基づく「これはバラである」という判断に、バラの概念を使用する人はだれであれ従わざるをえず、この判断はそうしたすべての人に例外なく当てはまるということです。

最後に一つ強調しておきたい特徴があります。それは、客観的な普遍性が例外を許さないという点です。バラの概念を使い対象をバラとして認識する人には、その対象をチューリップとして認識することは許されません。その人は他でもないバラの概念に基づいて判断しているからです。かりに「これはチューリップである」と判断してしまうと、それは偽なる判断であると断じられることでしょう。客観を、認識の対象として、あるいは善いものとして規定する限り、どんな人も概念に逆らうことはできません。どんな例外も認められず、私たちはつねに概念に強制されざるをえないのです。

カント哲学において普遍性と言えば、ふつうはこのような概念に基づく客観的な普遍性を指します。

主観的な普遍性

対して、快の感情の普遍性は客観的ではありません。なぜなら、この普遍性は概念を欠くからです。カントは、客観的な特徴を否定することで快の感情の普遍性を明らかにします。客観的ではないということで、この普遍性はもうそのまんま「主観的普遍性」と呼ばれます。もちろん重要なのは、客観性の否定が主観的普遍性のいかなる特徴をうきぼりにするのかです。

客観的ではない、すなわち、概念を欠いているということは、客観の規定が行われないということです。客観の規定とは、認識について言えば、バラの概念を用いて何か或るものをバラという認識の対象として規定することでしたね。そして、これにより成立する「これはバラである」という認識判断は、バラの概念を持っているすべての人に例外なく妥当します。ここには、とても強い妥当性（＝普遍性）が示されています。このような客観の規定がおきないにもかかわらず普遍的であるとはどんな事態なのでしょうか？　考えてみましょう。

概念による客観の規定がおきないということは、成立する判断に対して、あらゆる人が例外なく妥当させられる強制が生じないということです。なので、概念ではなく普遍的な快の感情を根拠とする趣味判断は、あらゆる人に関わる判断でありながらも、例外を許容します。趣味判断はあらゆる人の一致を強制しません。かりに「このバラは美しい」という判断が認識判断であるなら、バラと美しさという概念を使用する人は、この判断に例外なく従わなければなりません。美しいと認めない場合、それは誤りであると断じられます。趣味判断ではこうならないということです。例外の許容は主観的な普遍性の大きな特徴と言えます。

僕が「このバラ、綺麗だ」と判断するとき、その発言の言外には「みなさんも、もちろんそう思うでしょ」というあらゆる人に対する賛同の要求が含められています。僕がそのように要求できるのは、すべての人が僕の判断へと必ず一致するという期待があるからです。ただし、この期待は必ずしも実現されずとも構いません。例外が許容される限り、僕の趣味判断にみなさんが従う必要性も強制力もないからです。僕は、みなさんが僕の判断に必ず一致するという期待のもとでみなさんに賛同を要求するんだけど、この要求にみなさんが応える必要は必ずしもありません。つまり、主観的な普遍性とは、すべての人が必然的に一致することを要求するにもかかわらず、その一致を強制しないという事態に他なりません。

主観的な普遍性は、普遍性の基本型とも言える客観的な普遍性と比べると、弱くて何だかたよりない感じがしますね。でも、美しさの言明には、むしろこの弱い普遍性の方が適しているのです。もしいっさいの例外が許されないのであれば、美は一元的に決められてしまい、バラはいつでも美しくなくてはならず、《接吻》は否応無しに美しいものになってしまうでしょう。

しかし、これはかなり変な事態ですよね。私たちは、美しいものについて、相手に賛同することもあれば、賛同しないこともあるからです。名画は、どんな人に対しても美しくあることができる一方、その美しさをすべての人に問答無用に強制したりはしません。主観的な普遍性は、一致を強制しないからこそ、こうした美のあり方をうまく表現してくれます。強い普遍性（＝客観的普遍性）にこれはできません。

以上で見てきた、普遍性の主観的という特徴は、感情が普遍性を持つという一見すると矛盾するようにも見えた事態を整合的に説明してくれます。その説明は単純で、普遍性が感情と同じく主観の側に位置づくことができるからというものです。これは主観と客観だけの二元論を前提としたものなので、個人的には「それ、どうなん？」と思いますが、きっとカント的には整合的なんでしょう。

次の問題は、こうした主観的な普遍性が何に基づくのかという点です。これは、快の感情が何によって生み出されるのかという問題でもあります。いまのところわかっているのは、その根拠ないし源泉が「他のどんな人にさいしても前提されうるもの」だということです。ではそれは一体何なのでしょうか？

第三節　快の感情の源泉

快の感情を生み出すもの

カントは、快の感情の生起を次のように説明します。

与えられた表象にあって、こころの状態が普遍的に伝達可能であることこそが、趣味判断の主観的条件として、その判断の根底にあるものであり、対象に関する快を結果するものに違いない。（KU

与えられた表象とは、対象の表象のことなので、具体的にはバラを目にしている状況を考えればいいでしょう。バラを前にした僕のこころの状態が普遍的に伝達可能なものであれば、そこからバラについての快の感情が生じるとカントは小難しく言っています。まずおさえたいのは、ここでは対象（＝バラ）を目にした人のこころの状態に焦点が当てられているということ、そして、特定の（＝普遍的に伝達可能な）こころの状態こそが快の感情の源泉であるということです。感情がこころから生じるという見方自体についてはは素朴に了解できるのではないでしょうか？

では、こころの状態はどうやって普遍的に伝達可能なものになるのでしょう？　そもそも「普遍的に伝達可能」であるとはどんな事態でしょうか？　こころの状態が快の感情の源泉であるので、その状態の普遍的な伝達可能性は、快の感情の普遍性と整合的なものであるはずです。なので、こころの状態が普遍的に伝達可能であるということは、プライベート性・個人性と、概念による客観性という二つの特徴を否定する事態であると考えられます。

その「普遍的」とは、個人を超えてあらゆる人に当てはまるという意味です。ただ、そこには概念が欠けていて、当てはまること、つまり妥当することは、強制されずに、必ずしも現実になるわけではありません。これが「可能」と言われる所以です（現実の反対概念は可能ですから）。

要するに、こころの状態が普遍的に伝達可能であるとは、その状態が、それを持つ僕だけではなくて、僕以外のあらゆる人にも当てはまることができる、伝達されることができるという事態です。

いやはや、抽象度が高まってきましたね。ちょっとでもわかりやすくなるように、こころの状態を「態度」として考えてみましょうか。

私たちの態度のなかには、他のどんな人にも当てはまることができ、共有可能なものがありませんか？　例えば、だれかを想うとき「ああ、あの人も同じように自分を想っていて欲しい」と私たちは願ったりします。相手に自分と同じ気持ちを願えるのは、お互いが同じ態度を持つことができるという前提があるからではないでしょうか？　他にも、「悔しい気持ちはみんな一緒だよ！」といったフレーズにも、全員の態度が一致するという可能性が前提されています。このように、私たちは特定の態度が自分以外の人にも伝達・共有される可能性を日常的に了解しているように思われます。趣味判断の根拠になる快の感情を生み出す態度も、そのような態度の一種であると理解すればいいでしょう。

さて、「このバラは美しい」という趣味判断には「みなさんも、そう思うでしょ」というあらゆる人への賛同要求が含められています。この要求ができるのは、判断について、すべての人が必ず一致するという期待があるからです。どうやら、この期待を支えるものが、私たち全員に当てはまることができる、一致することができる、伝達されることができるこころの状態（態度）というわけです。私たちは、あらゆる人に伝達可能な態度を前提するからこそ、そこから生み出される快の感情、それに基づく趣味判断について、すべての人が必ず一致するという期待を持ち、あらゆる人に対する賛同要求を行うことができるのです。

また、ここでは、こころの状態についての、あらゆる人に伝達する「可能性」が問題にされている点も重要です。伝達が必ず実現されることになれば、どんな人にも判断が絶対に一致することになり、あらゆる人に対する賛同要求ができなくなります。要求は、叶わない場合もあるゆえに要求なのであって、絶対的な一致があるなら要求はもはや要求として成立しなくなるからです。すでに叶っているのに、要求するというのは矛盾以外の何ものでもありません。

以上をいったんまとめましょう。カントは、快の感情が私たちのこころの状態から生み出されると分析しました。ただ、それはどんな状態でもいいわけではありません。あらゆる人に当てはまること、一致すること、伝達されることが可能なこころの状態でなくてはならないのです。ここまでくれば、本章冒頭の引用にあった「他のどんな人にさいしても前提されうるもの」の正体がそのようなこころの状態であることがわかります。

しかし、関連して次のような問題が残されています。つまり、この状態が具体的にどんなものであるのか、どうして快の感情を生み出すのか、そして何よりも、いかにしてあらゆる人に伝達されうるのか、という問題です。これらの三つの問いのうち、最後の問いは快の感情の正当化に関わるもので、カントにとっての大問題でした。これについては第五章で考察します。

認識能力の調和

ここでは、問題のこころの状態がどんなものであるのかを考えることにしましょう。カントは次のように説明します。

その表象についてのこころの状態は、与えられた表象に関して表象諸能力が認識一般のために自由に戯れる、その事態を感じる状態でなくてはならない。ところで、一般に対象から認識が生ずるためにそれを通じて対象が与えられる表象に属するのは、直観の多様の合成のための構想力と、表象を統合する、概念の統一のための悟性である。（KU 第九節　強調カント）

難解に見えますが、引用文が言いたいことはそこまで難しくはありません。ここでは、まず、こころの状態が「自由な戯れ」と呼ばれる表象能力の結びつきを感じている状態であること、次に、その表象能力が構想力と悟性であるということが言われています。構想力と悟性は、前章第一節でも触れたように、認識能力とも呼ばれます。こころの状態の根底には認識能力の特別な結びつきがあり、その結びつきを感じた状態が快の感情として現れるということです。

さて、悟性が思考の形式としての概念を司る能力であることは、前章で確認した通りです。これに対して、構想力とは何でしょう？　構想力はイメージを司る能力です。何かを形（＝像）として描くこと、イメージとしてまとめることが構想力の働きです。ちなみに、構想力は英語では「イマジネーション（imagination）」と訳されるので、そっちの方がわかりやすいかもしれませんね。これらの二つの能力が認識の成立に欠かせない働きをするのです。

ここで、認識の成り立ちを、或るものをバラと認識する例から少し詳しく考えてみましょう。まず、認識は、私たちが或るものによって触発されるところから始まります。そこから私たちはいくつかの情報を受け取ります。この受け取りを行うのが「感性」という能力です。ただ、受け取るだけの感性は、まとまりを与えたり、判断や評価を行ったりすることができないので、情報は多様な状態のまま受け取られます。カントの用語で言えば「直観の多様」です。この多様を構想力がイメージとしてまとめ、合成します。これでようやく、或るものを、色や大きさ、匂いなどの形（＝まとまり）を持つ表象として把握できます。そしてこの表象に概念が結びつけられ、思考の形式を持った「それはバラである」という認識が成立するのです。

ここでもっとも注意したいのは、そのような認識を成り立たせるために働いている構想力と悟性の結びつきが、先の引用にあった自由な戯れという結びつきとはまったく異なるという点です。

認識を成立させるためには、認識の対象（＝客観）を規定する悟性の概念が使用されます。概念が使われると、概念に関わるすべての人に一致が強制されます。「それはバラである」という判断は、バラの概念を使うすべての人に例外なく妥当しました。こうした概念が自由な戯れという結びつきのなかで使われれば、例外を許容する普遍性（＝主観的な普遍性）を持つ快の感情が生じる余地はありません。なので、自由な戯れと呼ばれる構想力と悟性との結びつきは、対象の認識を成立させるための結びつきからは区別されなければならないのです。

こう説明すると、さっきの引用を覚えている人には混乱が生じるかもしれません。というのも、先の引用には構想力と悟性が「認識一般のために自由に戯れる」と書いてあったからです。自由な戯れという結びつきは、対象の認識を成立させるものではないのに、認識のためのものであるというのは、矛盾した話です。

どうしたらいいのでしょうか？　解釈が必要ですね。快の感情を生み出すこころの状態のなかで悟性が概念を使用するとはやはり考えられません。となると、残された選択肢は一つです。認識一般と呼ばれるものは、「これはバラである」のような対象の認識とは違うということです。じゃあ、認識一般とは一体何なのでしょうか？　すぐに答えたいところですが、この問題は快の感情の第三の分析と深く関係するので、次章までお待ちください。

快の感情を生み出すこころの状態において悟性は概念を使ったりしません。これは、そのこころの状態のなかでは概念に基づく強制が生じないということを意味します。この状態にあって、構想力は、概念による強制、より正確には、概念を用いた悟性による強制をうけません。構想力は自由です。構想力と悟性は、どちらかに権力が偏ることもなく、まるで対等なものが遊んでいるかのような仕方で自由に関係します。これが自由な戯れの意味するところです。自由な戯れは能力の力関係が釣り合っている事態でもあるため、その点からカントは「調和」(日本語では「一致」や「合致」、「調和的気分」などとも訳されます) と呼んでもいます。わかりやすさを重視して、以下では快の感情を生み出すこころの状態を「調和」という言葉に統一します。

ここまでくれば、快の感情を生み出すこころの状態が具体的にどんなものなのか、どうして快の感情を生み出すのか、これらの問いに答えることができるのではないでしょうか？　私たちのこころのうちには、認識能力 (＝表象能力) である構想力と悟性が備わっています。この二つの能力が自由に結びつくとこころには調和が形成され、この調和をこころが感じ取ることで快の感情が生起します。つまり、快の感情を生み出すこころの状態とは調和の状態であって、その状態が調和であるからこそ、そこから快の感情が生じるというわけです。

こころの調和が快の感情を生み出す源泉であるという説明は、リラックスしたこころの状態や安定したこころの状態などと快の感情の関係を考えてみれば、想像に難くないでしょう。とはいえ、そもそもなぜ調和は快として感じられるのでしょうか？　これは極めて哲学的な問いです。この問いに対して、カントは先に保留にした認識一般との関係から応答を試みます。そのさいに鍵になるのが「合目的性」の概念です。この応答は三番目の分析で行われるので、詳しい考察はまた次章で。

第四節　認識能力とジェンダー

前章の第四節ではこんなことを見ました。無関心は性的欲望を排除するので、趣味判断はエロティックさとは無縁の純粋な美しさを言明する。この意味で、純粋な美という概念そのものには美をめぐる性の非対称性を質す力を期待することができるのではなかろうか。しかし、純粋美の概念が誤って運用されると、性の非対称的な構造が正当化されたり、いっそう強化されたりするという問題が皮肉にも生じてしまう。カントはそのことに無自覚だった。

これは、ジェンダーの観点からのカント美学に対する間接的な批判です。対して、以下では本章の考察から内在的で直接的な批判を行ってみたいと思います。そこで、注目したいのが本章で詳しく見てきた認識能力です。

快の感情の源泉が構想力と悟性という認識能力の調和であるということは、先に見た通りです。趣味判断は快の感情を根拠とするので、純粋な美しさの源泉も究極的には調和に求められます。快の感情、快に基づく趣味判断、そして、言明される純粋な美しさ、それらにとって構想力と悟性という二つの認識能力が根本的に重要な役割を果たしているわけです。

こうした美しさと二つの認識能力の関係を念頭においたうえで、「これはバラである」のような対象の認識を成立させる場合には、どのような能力が機能するのかを思い出してみましょう。そこでは、多様な情報をイメージとしてまとめる構想力、その表象に概念を与える悟性に加えて、多様な情報を受け取る能力である感性が働く必要がありました。認識を説明するさいには、感性、構想力、悟性という三つの能力が重視されています。これに対して、趣味判断を論じるさいには後者の二つだけが強調されるのです。認識の成り立ちを明らかにした『純粋理性批判』（1781/87）には特別に感性を論じる「感性論」という箇所がある一方で、『判断力批判』にはそんな箇所がないばかりか、感性という語もほとんど登場しません。この違いは何を意味しているのでしょうか？ ジェンダーの観点から考えてみます。

感性は、受け取る能力であり、受け取ることだけを行います。何かによって触発される能力であって、みずから働くことはありません。しかし、むしろそのために、私たちは多様なままに感性的な情報（＝直観）を受け取ることができるわけです。構想力と悟性は、感性とは対照的です。何かをイメージとしてまとめたり、概念（＝思考の形式）を用いたりと、みずからで働くからです。要するに、感性は受動的な能力であるのに対して、構想力と悟性は能動的な能力なのです。

ここには受動と能動という二元論的な対立があります。この対立する二項は、同じように対立する概念とともにグループを形成してきました。受動のグループには、感性以外にも身体、感情、被支配、具体性、欲望などが、能動のグループには、構想力、悟性以外にも、精神、知性（理性）、自由、抽象性、道徳などが含められます。こうした二元論に対して、フェミニズムの視座は、それぞれのグループに女性と男性のジェンダーが割り振られてきたこと、そして西洋哲学の歴史では、前者が後者に従属させられたり、劣ったものと見なされたりしてきたことを明らかにしました。

実際、この二元論はみなさんにも馴染み深いものではないでしょうか？　家族のなかでは男性は労働、女性は家事という役割分業がなされているのにもかかわらず、家族の大事はなぜか男性が中心になって決め、家事は労働よりも劣ったものと見なされる。他にも恋愛ハウツーでは、「女性は感情的なので気をつけましょう」なんてことがいまだに説かれたりもしています。ここには、男性の、感情的な女性への見下しと、女性をコントロールできるという優越が反映されています。

以上の二元論を考慮すると、趣味判断を説明するために能動的な能力が全面に出されているという事態には、美は男性的な概念によって語られるべきで、男性的な概念グループに分類されるべきという意志が見て取れます。カントは、美しさを男性のジェンダーが関わる概念グループの枠内で論じようとしているのです。こうなると、純粋な美しさについても、エロティックな美とはまた違った仕方で、結局のところ男性（性）が決定権を持つ家父長制のような構造が成立するのではないでしょうか？

カントは、明らかにジェンダーの二元論を意識したうえで、美しさを女性的な概念グループから男性的なグループへと移し変えています。「はじめに」で少し触れた『美と崇高の感情に関する観察』では、美が女性に、崇高が理性（および道徳）とともに男性に結びつけられ、後者が前者の上位に位置づけられていました。しかし、そのあとで執筆された『判断力批判』では、美しさが、能動的な認識能力の強調を通じて男性的な概念グループへと移行させられているのです。

しかも、この変更はカントのこだわりであったようにも見えます。『純粋理性批判』第二版で割り当てられた分量から考えると、認識判断を説明する場合でも、受動的な能力（＝感性）はそこまで重視されていません。カントにとってそもそも重要なのは能動的な能力なのです。なのに、趣味判断を説明するために能動的な能力の役割をわざわざ強調しています。趣味判断が感情に基づくことや、美学がそもそも感情や感覚といった感性的なものを重視することを踏まえると、強調されるべきはむしろ受動的な能力の方なのに。これは明らかに不自然な強調じゃないでしょうか？　カントは、そんなことをしてまでも、一度は所属先を決めていた美を別のジェンダーグループへ移行しているのであって、これには強いこだわりを感じざるをえません。

どうしてそこまでして美の概念を男性性の主導のもとで説明し直したかったのでしょうか？　この疑問に答えるのは難しいですが、一つ確実に言えるのはカント美学がジェンダー化された思考法の上に成立しているということです。

本章では、快の感情の二つ目の分析を見てきました。そこで分析されたのは普遍性でした。最後に、まとめをしておきましょう。

カントは、無関心性という特徴から、さらに普遍性という特徴を導きました。この普遍性は、美しさを判断する趣味を個人的な好みとしての趣味から区別します。趣味判断の根拠である快の感情が普遍性を持つからこそ、美しさは、プライベートで個人的なものを超えて、どんな人にも関わります。ただし、この普遍性は、あらゆる人を強制的に一致させる事態（＝客観的な普遍性）ではなく、あらゆる人の必然的な一致を期待しつつも、一致を強制しないという事態でした。「《接吻》が美しい」という僕の趣味判断は、「みなさんも、《接吻》を綺麗と思うでしょ」とあらゆる人の賛同を要求する一方で、一致を強制しはしないのです。

このような普遍的な快の感情が何によって生み出されるのか。カントは、構想力と悟性によって形成されるこころの状態にそれを見出しました。認識能力の調和こそが、あらゆる人に伝達されうるこころの状態として、普遍的な快の源泉であると言うのです。

とはいえ、調和がなぜ快の感情を生み出すのか、いかにしてあらゆる人に伝達されうるのか、という根本的な問いは残されたままです。まず次章で前者の問いについて見ていきます。後者の問いについては、第五章までお待ちください。

また、ここまできたことで、美しさ←美しさを言明する趣味判断←趣味判断の根拠である快の感情←快の感情の源泉である調和、という基礎づけ構造が明らかになりました。ここからは、調和を、快の感情、趣味判断、そして美の原理として考えることができます。他方で、実は他にも原理があります。詳しくは、第四章や第五章で説明しますね。

第三章　目的のない合目的性：快の感情の分析その三

三つ目の分析のテーマは「合目的性」です。

ここまでに登場した無関心性や普遍性は抽象的な概念でありつつも、おそらくみなさんはなんとなくその意味をイメージできたはずです。それに対して、合目的性はどうでしょう？　イメージさえ難しいのではないでしょうか？

なので、合目的性の意味をおさえるところから始めましょう。そのうえで、趣味判断の根拠である快の感情に関わる合目的性の考察へと進み、前章で残された問題（＝なぜ調和は快として感じられるのか？）を説明したいと思います。

本章の内容は、『判断力批判』「美的判断力の分析論」の第一〇節〜第十七節に対応します。

第一節　合目的性

原因性とは何か？

合目的性とは原因性（＝因果性）の一種です。まずは原因性の概念をおさえる必要がありそうです。原因性も因果性もKausalitätというドイツ語の訳ですが、以下では原因性に統一しますね。

東野圭吾原作のドラマ『ガリレオ』（2007）の主人公ガリレオ先生こと湯川学には「現象には、必ず理由がある」という名台詞があります。この言葉が「必ず」という強い表現を含むにもかかわらず、おそらくみなさんは簡単に「なるほど」と説得されるのではないでしょうか？　なぜか？

それは、私たちが、原因には結果が必然的にともなわれることを一つの法則として受け入れているからです。この法則が原因性の法則、つまり因果律です。そして、原因は何らかの結果を導く、あるいは結果は何らかの原因から生じるという、原因と結果との関係性が原因性です。みなさんは、この原因性の概念とその法則を当然のものと受け入れているからこそ、湯川先生の言葉に納得したのです。ちなみに、湯川先生の言葉は、ガリレオ・ガリレイ（1564–1642）その人の言葉とされる「結果にはすべて原因がある」のオマージュでしょう。こちらの方が原因性の法則を直接に表現していますね。

このように、原因性の概念は私たちに当たり前に了解されています。もちろん、哲学はこの概念をもっと詳細に分析してきました。例えば、古代ギリシアの哲学者アリストテレス（前384ごろ–前322）の四原因説（質料因、形相因、作用因、目的因）は、原因および原因性に関する代表的な理論で、その後の中世、近代と長いあいだ受容や批判の対象とされてきました。カントもその影響を受けています。

さて、カントの場合、原因性は自然の原因性と自由の原因性に大別されます。前者の原因性から見ていきましょう。こがらしが吹いた翌日、柿の実が道路に落ちていました。私たちは、昨日こがらしが吹いたことが柿の実の落下（結果）の原因であると考えるはずです。こうした自然界における現象の原因と結果を関係づけるのが自然の原因性です。ここで特徴的なのは、意志の関与がないということです。自然の原因性は、人の意志とは関係なく自然界の原因と結果の関係を説明します。僕が望もうが望むまいが、柿の実はこがらしのゆえに落下したのです。「落ちるな！」といくら念じても、結果は変わりません。

次に、自由の原因性です。人間は、自然法則が支配する自然界に存在しているにもかかわらず、みずからの意志で法則を立て、それに従い行為することができます。その典型がカントの代名詞とも言える道徳法則です。この法則は、あらゆる人に妥当するものとして考えられ、嘘をついてはならない、自殺してはならない、などの命令（＝定言命法）のかたちで現れます。私たちは、嘘をつけば儲けられる、自殺をすればこの苦痛から解放される、そんな誘惑があるにもかかわらず、それに抗い、みずからで立てた法則に従い道徳的に振る舞うことができます。ここには、みずからの意志が立法した法則に自分で従うという自己立法と自律が実現されています。これが「自由」です。道徳的な自由の意味は、自由奔放ではなく、自分で自分を律することにあるのです。

フリマアプリで何回か使ったけど新品と偽った方が早く売れる。それにもかかわらず、みずからの意志で立てた法則に従って、嘘をつかずに中古と記載したのであれば、陳腐な例のようにも見えますが、それは、りっぱな道徳的な行為であって、人間が自由であることの証です。意志が道徳的行為を導く、そこでの原因と結果の関係性を説明するのが自由の原因性に他なりません。

合目的性という原因性

自然と自由、二つの原因性を踏まえて、合目的性を考えてみましょう。合目的性も、原因性の一種である以上、原因と結果の関係性を意味します。しかも、合「目的」性とある以上は、目的に関わる原因と結果の関係になるでしょう。カントの場合、目的を立てられるのは人間の意志だけなので、合目的性は自由の原因性に代表される人間の原因性の一種と考えられます。

では、目的に関して、原因と結果が関係づけられるとは、どのような事態なのでしょうか？　子どものころ近所の家には甘くて美味しい柿の実がよくなっていました。甘いものが食べたかった僕は、道路にはみ出した枝から実をもぎって食べました（むろん、怒られた）。このとき、僕には甘いものを食べるという目的があり、その目的のために柿を食べました。ここには、原因と結果の関係があります。より正確に記述すれば、僕は、甘いものを食べたいという欲求から甘いものを食べるという目的を立て、その目的のために（原因）、甘い柿の実を取って食べるという行為（結果）をしたわけです。私たち人間は、欲求をめぐり目的を設定し、それを原因として結果の行為を導く存在であり、その原因と結果の関係性こそが合目的性という原因性なのです。

目的を立てるのも、行為を導くのも、意志です。つまり、合目的性は意志の原因性でもあります。意志は、何らかの欲求に関わり目的を設定し、その目的のために特定の行為を結果させます。難しく言っていますが、これは、あくびや座るときに足を組むといった無意識的な動作や習慣を除いた、私たちのふつうの行為を説明しているだけです。

志望大学に入るために勉強した、定時で帰るためにいつもよりも計画的に業務をこなした、早おきするために飲酒をビールだけにした、などなど。これらはどれも、私たちの意志が合目的性という原因性に従って働いた、すなわち、欲求から目的を立て目的のために行為を導いた具体例です。私たちの日常は合目的性につらぬかれていると言っても過言ではないでしょう。

こうした合目的性も自由と関係します。それが意志の原因性である限り、自由を必要とします。意志が自発的な能力である以上、意志が自分で目的を立てるためには自由が不可欠だからです。ただ、この自由は、みずからの意志が立法した法則に自分で従うという狭い意味での自由（＝道徳的自由）からは区別されます。拘束されないという一般的な自由をイメージすればいいでしょう。

原因性の概念は、次のように整理することができます。まず原因性は自然と人間に対応するものに分類されます。自然の原因性と自由の原因性です。前者が自然現象の原因と結果の関係を説明するのに対して、後者は人間の行為の原因と結果の関係を説明します。さらに後者は、とくに道徳的行為に関わる狭い意味での自由の原因性と、目的のための行為に関わる合目的性に分類されます。私たちが以下で考察するのは、最後の合目的性です。

合目的性と快の感情

しかし、快の感情の分析にとって合目的性はなぜ重要になるのでしょうか？　合目的性と快の感情とはいかなる関係にあるのでしょうか？

都会の高校生は予備校や塾で忙しいと聞きます。なかには、ストレスや心労でこころを病んでしまう人もいると報道で知りました。どうしてそれほど必死なのでしょうか？　それは、ひとえに志望大学に合格するためです。受験生は、（純粋に自分の欲求からではないかもしれませんが）ほにゃらら大学に合格するという目的を立て、その目的のために、参考書を買ったり、予備校に行ったり、模試を受けたりと行動して、最終的には志望校を受験し、（場合によっては）合格するのです。こうした受験生の行為も合目的性に従っています。

合格者一覧のなかに自分の番号を見つけた受験生は、特別な事情がなければ、喜びや嬉しさを噛みしめるはずです。しかし、なぜそうした感情が生じるのでしょうか？　当たり前ですが、大学に合格するという目的を達成できたからです。目的の達成は、喜びや嬉しさといった快の感情を生み出すのです。受験のような特別なイベントだけでなく、早くおきようとしてちゃんとおきれたら嬉しいですし、狙った時間までに仕事を終わらせられるのは喜ばしいことです。

また、参考書がうまく解けた、予備校でほめられた、模試で高得点が取れたなど、ことが順調に進んでいるとき、受験生は安心して嬉しさを感じます。模試の判定がよくなり充足感を覚えたことのある人はみなさんのなかにもいるはずです。ここでは、受験生の意識やこころの状態が合格という目的に向かって維持されて安定していることが、快を感じさせています。

このように、志望大学に合格した受験生の行為には、二つの仕方で快の感情がともなわれます。一つは、合格するという目的の達成によって、もう一つは、目的に向かって維持されたこころの安定によってです。いずれも、行為が合目的性という原因性に従っているからこそ生じたものです。目的のために行為が導かれないのであれば、そもそも目的を達成することはできないし、目的に向かうこともできないからです。つまり、合目的性は快の感情を生み出す原因性なのです。そのため、快の感情を合目的性の現れであると考えることもできます。

カントにとって、この合目的性と快の感情との関係は、快についての基本的な理解であったと考えられます。彼にとって、快の感情と言えば、合目的性なのでしょう。なので、カントは、趣味判断の根拠である快の感情についても、それを合目的性の現れとして分析することになりました。

第二節　目的のない合目的性

趣味判断の快の感情と合目的性

でも、趣味判断の根拠となる快の感情を合目的性の現れとして考えることには以下の理由で無理があるように思われます。

無関心性という特徴を思い出しましょう。関心とは、傾向性ないし意志という欲求能力の規定に関わる感情のことです。この感情に基づく判断は、対象の快適さか善さを言明します。カントは、趣味判断の根拠となる快の感情が関心ではないと分析することにより、趣味判断を、快適さを論じる判断（「このコスモスの色は（視覚的に）綺麗だ」）や、善さを論じる判断（「このコスモスは（贈り物としての花束にふさわしくて）美しい」）から区別しました。つまり、快適さからも善さからも独立した純粋な美しさを言明する判断を確保したのです。

ここで強調したいのは、関心には、意志の規定に関わるという面があることです。繰り返しになりますが、意志は、何らかの欲求に関して目的を立て、その目的のために行為を導く欲求能力です。意志の働きを直接に決定するのは目的であり、そのさい目的は善いものとして気に入られています。目的の善悪ないし良し悪しはさておき、気に入らない物事を目的にはしませんよね。目的を善いものとして気に入るということは、目的に関心を抱くことと同じです。なので、関心は、意志の働きを決定するもの（＝目的）に必然的にともなわれます。受験生は、志望大学に合格することを目的として、そのために行為をするのであって、そのさいには、合格という目的を善いものとして気に入っていて、関心を抱いています。

したがって、無関心性という特徴は関心とともに目的をも排除します。そのため、趣味判断の快の感情を合目的性の現れであると分析することは不可能と思えるのです。合目的性は、そもそも意志の原因性であったし、その名前からしても目的なしではすませられないからです。

目的のない合目的性

ところが、カントは合目的性という概念から離れません。むしろ次のような分析を行っています。

したがって、或る対象の表象における、あらゆる（客観的および主観的な）目的を欠いた主観的合目的性、すなわち、対象がそれを通じてわれわれに与えられる表象における合目的性の単なる形式以外には、われわれがそれを意識する限り、われわれが概念を欠いて普遍的に伝達可能であると判定す

る満足〔＝快の感情〕、つまりは趣味判断の規定根拠を作り上げることはできないのである。（KU第十一節）

驚くべきことに、カントは、目的のない合目的性というものが可能であって、趣味判断の快の感情はそれが意識されたものであると分析しています。「こんなんありかよ！」という感じですが、辻褄は合わせられています。無関心性という特徴が目的を排除するなら、合目的性からも目的が排除されていればいいというわけです。カントにとっては、合目的性と快の感情との関係はやはり快についての基本的な理解であって、そこから離れることができなかったのでしょう。

しかし、目的のない合目的性といった、一見すると矛盾する概念は一体何なのでしょうか？　どうやって可能になるのでしょうか？

意志が何らかの目的を立てて、その目的のために行為を結果させる場合、そこでの合目的性は、特定の目的に基づく原因性となり、その実質をともないます。ふつう、私たちの意識的な行為はこの実質をともなう合目的性に従っています。無意識の動作や習慣でない限り、私たちは、お腹を満たすためとか、早く起きるためとか、成績をよくするためとか特定の目的を設定しているはずですから。

他方で、私たちは、特定の目的を設定する私たちの意志とは別に、漠然とした意志みたいなものを想定して、何かが目的のために働いている、存在していると考えることがあります。例えば、技術の進歩のために大戦がおきたとか、肉食動物の餌になるために草食動物は存在するとかです。重要なのは、実際に私たちの意志が働かなくても、意志のようなものを想定することによって、目的に関する原因と結果との関係性、つまり合目的性を考えることができるという点です。合目的性は、意志がなくても、特定の目的という実質がなくても可能なのです。カントは、この実質を欠いた合目的性を「形式的合目的性」や「合目的性の形式」と表現します。

一見すると矛盾するように見えた目的のない合目的性は、こうした合目的性の形式として可能になるのです。先の引用で、目的を欠いた合目的性が「合目的性の単なる形式」と言い換えられているのはそのためです。

さて、ここまでをまとめましょう。カントは、趣味判断の根拠である快の感情を合目的性の現れとして分析します。この分析は、一般に快の感情が意志の合目的性の現れであるという理解に基づきます。ただし、快の無関心性という特徴は、意志による目的の設定を排除するので、快の感情を合目的性から分析することは難しいように見えました。これに対して、カントは、その実質である特定の目的がなくても合目的性が形式として可能であることを明らかにして、趣味判断の快の感情を目的のない合目的性の現れ（先の引用ではその意識）として分析したのです。

たしかに、カントの分析の辻褄は合っています。しかし、目的のない合目的性とは一体何なのでしょうか？　その実態がいまだにわかりません。具体性はあるのでしょうか？　それとも、形式と言われるだけあって、スカスカの単なる抽象的な観念なのでしょうか？　でも、前節で見た通り、目的の存在は快の感情が生じるために欠かせないようです。そうであれば、目的がない合目的性からどうやって快の感情が生み出されると言うのでしょうか？　謎がたくさん残っちゃいましたね。

第三節　認識論的な合目的性

認識のための合目的性

前章第三節で見たように、快の感情を生み出す源泉は、私たちのこころのなかで構想力と悟性という認識能力が調和したこころの状態でした。快の感情が目的のない合目的性の現れであるとすれば、合目的性と調和には何らかの関係がありそうです。カントは、調和には形式的合目的性があり、その意識が快であると見ていて、そのうえでその理由を次のように説明しています。ここから、目的のない合目的性がいかなるものであるのかを考えていきましょう。

なぜなら、その〔＝調和の形式的な合目的性の〕意識は、主観の認識諸能力を活気づけることに関する主観の活動を決定する根拠、すなわち、規定された認識へと制限されない認識一般に関する内的な（合目的的）原因性を含み、したがって、美的判断における表象の主観的合目的性の単なる形式を含むからである。（KU 第十二節）

合目的性が、主観の活動、具体的には、こころのなかにある認識能力の働きを決定する根拠であることがわかります。構想力と悟性は、合目的性に従うことで調和の状態を形作ることができるわけです。また、ここでの合目的性が認識に関わる原因性であることも確認することができます。これも前章第三節で見た通り、調和は構想力と悟性が「認識一般のために自由に戯れる」（KU 第九節 強調引用者）事態だったので、問題の合目的性が規定するのは認識のための調和の働きであると考えられます。

つまり、目的のない合目的性とは、こころのなかで認識の成立のために認識能力を働かせて調和の状態にする原因性なのです。

変なのは、目的がないのにもかかわらず目的があるという点です。目的のない合目的性は、目的がないのに、認識の成立を目的としています。どうしても矛盾があるように思えてなりません。また、別の問題も出てきます。認識のために能力が働かされることになれば、認識のために必要な対象の概念（例えば、バラの概念）、つまり悟性の概念が使われます。こうなると、構想力は概念を通じて悟性からの強制を受けるので、二つの能力の力関係は不均衡になり調和は崩れてしまいます。調和を形成するはずの原因性がむしろ調和を妨害するように見えるのです。

以下では、この二つの問題を考えながら、目的のない合目的性についての理解を深めていきましょう。

認識一般のための合目的性

目的のない合目的性であるにもかかわらず、そこに認識の成立という目的を考えてもいいのでしょうか？　一つ目の問題から考察しましょう。

前節で見たように、目的が関わると、善いものについての関心が生じることになり、その関心からは、例えば「このコスモスは（贈り物としての花束にふさわしくて）美しい」という判断が下されたりします。この判断は、美を言明しているようでいて、実際には対象の善さを論じています。善さが美に混入してしまうのです。あるいは、善さとしての美が言明されるのです。

このように説明すると、目的が美の純粋さを損なわせているように思えますが、それは正確ではありません。直接の原因は、目的を設定する意志という欲求能力にこそあるからです。趣味判断の快の感情について合目的性から目的が排除される事態は、より正確に言えば、意志の働きの排除として理解できます。「目的がない」とは「意志が働いていない」ということです。

ここで、認識の成立という目的を検討してみましょう。この目的は、認識能力そのものの目的であり、欲求能力である意志が設定したものではありません。カントは、認識能力と欲求能力とを明確に区別します。認識能力は、その名の通り、物事の認識の成立を目指すだけで、欲求とは無縁です。この区別は、「～である」と「～であるべき」という記述と当為の区別や、事実と価値の区別に対応していると理解することもできるでしょう。

一つ確実なのは、カントは、認識の成立という目的に意志は関与しないと考えているという点です。この目的は、意志が立てる特定の目的ではないので合目的性の実質にはなりえません。変に聞こえるかもですが、厳密に言えば、認識の成立は認識能力が目指すものではあっても目的ではないのです。

したがって、目的のない合目的性、つまり、特定の目的という実質を欠いた形式的な合目的性に、認識の成立という目的を考えても、そこに矛盾はないのです。カントは、意志や行為に関わるという意味で本来は実践的な概念である合目的性を、認識や記述に関わるという意味での理論的概念へと書き換えているようです。ただ、注意すべきは、ここでの認識の意味です。

これに関連して、二つ目の問題に入りましょう。認識のために調和というこころの状態を形成させるはずの原因性（＝目的のない合目的性）が認識の成立をめぐってむしろ調和の形成を妨害するのではないかという問題です。

実は、この問題への応答は先に引用した箇所に確認することができます。もう一度引用しておきましょう。


なぜなら、その〔＝調和の形式的な合目的性の〕意識は、主観の認識諸能力を活気づけることに関する主観の活動を決定する根拠、すなわち、規定された認識へと制限されない認識一般に関する内的な（合目的的）原因性を含み、したがって、美的判断における表象の主観的合目的性の単なる形式を含むからである。（KU 第十二節 強調引用者）

ここでは、問題の認識が、「規定された認識」ではなく、「認識一般」であることが明確に示されています。規定された認識とは、「これはバラである」や「このバラは赤い」などの、悟性の概念（バラや赤）によって対象（これやバラ）が規定された（＝述語づけられた）対象の認識を意味します。ふつうの対象認識のことです。認識一般は、この認識から区別されるのです。そして、この認識一般のために調和を形成する原因性こそが目的のない合目的性に他なりません。

では、認識一般とは何なのでしょうか？　これは、前章の第三節で保留にした問いでした。まず、消極的に言えるのは、認識一般とは対象の認識（＝規定された認識）から区別される認識のあり方だということです。対象の認識は、概念に基づく客観的普遍性を特徴とします。例えば、「これはバラである」という認識は、バラの概念を用いる人すべてを従わせ、そうしたあらゆる人に例外なく妥当します。認識一般は、対象の認識から区別される点で対象を規定する概念に基づくことはなく、客観的普遍性を特徴とすることもありません。

こうした消極的な説明だけでも、先の二つ目の問題は解決されます。認識一般の成立を目指す構造では、対象の概念は必要とされず、悟性からの強制もおこらないので、構想力は、悟性と釣り合いのとれた調和を形成することができるからです。ここにもはや問題はないわけです。

しかし、客観的普遍性を持たないとなれば、認識一般とは、痛みや暑さ／寒さ、あるいは好みといった個人の感覚や知覚、感情に基づく個人的でプライベートな判断や認識を意味するのでしょうか？　これはこれで、目的のない合目的性が或る種の普遍性（＝主観的普遍性）を特徴とする快の感情と関わる点に矛盾してしまいます。そこで、認識一般の積極的な説明もしてみましょう。

認識一般は、「一般」と言われる以上、認識と考えられるすべてのものに共通する特徴を示すはずです。カントは、認識が認識であることの規定として、それが「普遍的に伝達されうるもの」（KU 第九節）であることをあげます。認識は何であれ、あらゆる人に伝達・共有されうること、つまり「普遍的な伝達可能性」を特徴にするということです。

或る経験や判断が、客観を規定する概念に基づいていなくとも、客観的普遍性を持っていなくとも、あらゆる人に伝わる可能性を持っていさえすれば、それらは一般に認識に数えられるのです。認識一般とは、普遍的な伝達可能性を特徴とするもの（経験、判断、知覚、感情など）すべてを指すと考えられます。そして、認識一般のさいたる例が、あらゆる人にわかってもらえることを要求する趣味判断なのです。普遍的な伝達可能性を特徴とするということが認識一般の積極的な説明になります。この点で、認識一般は、個人的でプライベートなものから区別されます。これですべての問題が解決されました。ちなみに、普遍的な伝達可能性は、前章第三節でも調和というこころの状態を形容する言葉として登場しましたね。この概念は、『判断力批判』ではキータームとして使用されるので覚えておくといいかもしれません。

認識論的な快の感情

みなさん、もしかすると認識の概念について混乱がおきてやしませんか？　整理しておきますね。まず、客観的普遍性を特徴とする認識です。これは、客観（＝対象）を規定する概念に基づくもので、対象の認識、対象についての認識判断、規定された認識のことです。具体的には、「これはバラである」や「このバラは赤い」などです。強い普遍性を持っている点が特徴でした。

次に、普遍的な伝達可能性を特徴とする認識です。認識と言っても、客観を規定する概念とは無関係で、あらゆる人に伝わる可能性を持つ経験、判断、知覚、感情などを意味します。「このバラは美しい」や「満点の星空は崇高だ」など、概念によらないけど、あらゆる人に対する判断が代表例です。客観的普遍性が強い普遍性なら、普遍的な伝達可能性は弱い普遍性と言えます。この普遍性は、認識が認識であるために最低限備えられているミニマムな特徴で、あらゆる認識に共通する特徴でもあります。また、普遍的な伝達可能性を持つ認識に概念が介入する場合もあり、そのときには普遍的な伝達可能性から客観的普遍性へと変化すること（強化？されること）もありえます。

そして、認識一般ですが、普遍的な伝達可能性を持つすべての認識を指します。そうした認識の総称と言ってもいいかもしれません。認識一般も、普遍的な伝達可能性を特徴とする一方で、普遍的な伝達可能性を特徴とする何か特定の認識と完全にイコールになるわけではありません。この点には注意が必要です。

さて、認識一般についてはこれくらいにして、目的のない合目的性についてまとめておきましょう。目的のない合目的性は、たしかに意志によって設定される特定の目的を欠くという点で実質を持たない形式的な合目的性です。しかし、スカスカの骨組みなのかと言えば、そうではなくて、「認識一般のため」という、本来の定義では「目的」とは言えない目的を持ちます。目的のない合目的性とは、私たちのこころのなかで認識能力を認識一般の成立のために働かせる原因性です。そこで形成されるのが、調和（＝自由な戯れ）の状態です。ここで調和を形作ることができるのは、目的のない合目的性が、こころのバランスを偏らせるような、規定された認識（＝対象についての認識）ではなく認識一般を目指すからです。

カントは、こうした目的のない合目的性の現れが趣味判断の根拠となる快の感情であると分析したのです。前節のおわりでは、目的がないのに、どうやってこの合目的性から快の感情が生じるのかという問題を提起しました。ここにきて、ようやくこの問題に答えることができます。

認識を成立させるという目的（厳密には目的ではないが）があるので、基本的には、志望大学に合格するという目的を持つ受験生の場合と同じ仕方で快の感情が生じることになります。目的のない合目的性、正確に言えば「欲求能力による目的は持たないけど、認識能力固有の目的は持つ合目的性」からは、一方では目的が達成・遂行されること、他方では目的に向かってこころが安定した状態に維持されることから、つまり、そのいわば認識論的な目的のゆえに快の感情が生じます。認識論的な合目的性の現れが趣味判断の快の感情なのです。

ところで、前章第三節では、なぜ調和が快として感じられるのかという問いも保留にしていました。いまやこの問いに答えることもできます。

目的のない合目的性は、こころの調和を形成する原因性でした。そうであれば、調和が快として感じられる理由も、そうした原因性の、快を生み出す構造に求めることができます。こころの調和は、目的のない合目的性に従って成立するからこそ、合目的性に由来する快を感じさせることになるわけです。

そして、前章で見た快の感情についての第二の分析に加えて、本章で考察してきた第三の分析からは、驚くべきというか、面白いことが明らかになります。趣味判断の快の感情は認識論的な快であるということです。この感情は、認識一般を目的とする原因性（＝目的のない合目的性）に従って形成される構想力と悟性という認識能力の調和から生み出されるものだからです。

私たちがバラを純粋に美しいと判断できるのは、バラが役立つとか、バラの香りが好きとか考えずに、欲求や関心から離れて判断するからです。このとき、そうした判断の根拠として、バラに結びつけるのが無関心な快の感情でした。欲望にまみれては真の美はわからないというやつです。認識論は、無関心な快という消極的な見た目を持つ感情に積極的な意味を与えます。実のところ私たちは、無心に無欲に対象に向き合っているのではなくて、明確な認識論的な意図（＝目的）のもとでその対象を判断しているのです。

第四節　感情の男性化

前章第四節では、ジェンダーに関わる二つの概念グループを紹介しました。女性のジェンダーについては、受動、感性、身体、感情、被支配、具体性、欲望などの概念が、男性のジェンダーについては、能動、精神、知性（理性）、自由、抽象性、道徳などの概念がグループを作りました。カントは、こうした区別を意識したうえで、美の概念を、或る時期には前者に分類していたにもかかわらず、『判断力批判』では、わざわざ後者へと移し変えました。美は男性性を与えられたのです。

カントは、快の感情、快に基づく趣味判断、そして、言明される美しさに対して、能動的な認識能力（＝構想力と悟性）が決定的に重要な役割を果たすことを強調し、それによって美の所属先を変更しました。目的のない合目的性は、この移行をより詳細に説明してくれます。

目的のない合目的性とは、「欲求能力による目的は持たないけど、認識能力固有の目的は持つ合目的性」であり、認識の成立を目指します。ここでは、意志や欲求、行為に関わるという意味で本来なら実践的であるはずの合目的性が認識論的で理論的な概念へと再構成されています。その結果、この合目的性から生じる快は、認識論的で理論的な感情となるわけです。この感情は、受動的な感覚とは異なり、明らかに能動的で知的な意図のもとにあります。

ところで、一般的に感情は、女性的な概念のグループに分類されます。私たちの日常でも、女性と感情は（悪い意味で）馴染み深い組み合わせにされています。カントも、『判断力批判』に先立つ『美と崇高の感情に関する観察』では、理性的なものや道徳との対比を際立たせつつ、美しいものをめぐって感覚や感情、敏感さを女性と関係づけています。そこでは、男性に結びつく道徳感情や崇高の感情という例外はあっても、理性と対置される感覚的な感情、つまりふつうの意味での感情は女性と結びつけられています。

このことを踏まえると、『判断力批判』では、美に関わる感情の位置が変更されているのがわかります。カントは、合目的性の意味を実践的なものから理論的なものへと再構成することで、理性（知性）の反対に位置するはずの感情を、むしろ知性の側へと近づけたのです。これにより、美に関わる感情は、女性的な概念グループから男性的な概念グループへと移行させられたわけです。本来なら対立する知性（理性）と感情を同じグループで扱うことは、かなりの力技と言えますが。

美しさの概念が女性的な概念グループから男性的な概念グループへと移し変えられたのは、快の感情にグループ移行があったからです。この移行を支えたのが合目的性の再構成だったのです。別の言い方をすれば、本章で見てきた快の感情の三つ目の分析とは、美に関わる感情を男性化するプロセスであり、それにより美しさは男性化させられたとまとめることもできるでしょう。

本章では快の感情の三つ目の分析を考察してきました。合目的性という概念が聞きなれないものであったり、認識の話が続いたりと、これまでの二つの分析に比べて、抽象度も高くて難しかったかもしれません。要点をはずさないためにも、最後に、おさえるべき点を再度記しておきますね。

第三の分析において、カントは、趣味判断の根拠となる快の感情を合目的性の現れとして分析しました。ただし、この合目的性は通常の意味での合目的性とは異なります。ふつう合目的性とは、意志が設定した目的のために行為を導く意志の原因性です。しかし、この合目的性では、意志や目的と関係ないはずの無関心な快の感情を説明することができません。なので、カントは、意志や目的と関係しない合目的性を見出しました。それが目的のない合目的性です。

「目的がない」と言われるこの合目的性ですが、正確に言えば、認識一般の成立を目指すものであり、「欲求能力（＝意志）による目的は持たないけど、認識能力固有の目的は持つ合目的性」を意味します。この認識論的な合目的性に従って、私たちのこころのなかでは認識能力（＝構想力と悟性）が調和を形成します。調和は、安定しているとともに、目的の遂行に関わる点で快の感情を生み出します。これが、目的のない合目的性が趣味判断の快の感情として現れる構造です。

さて、次なる四つ目の分析に進む前に、これまでのカントの分析をいったん整理しておきましょう。

私たちは、快の感情を対象に結びつけることで、「このバラは美しい」、「《接吻》は綺麗だ」などの、対象の美しさを言明する趣味判断を下します。快の感情がなければ趣味判断は成立しないので、美しさを決定しているのは快の感情に他なりません。美が何であるのかを説明するには趣味判断を理解しなければならず、趣味判断を理解するには、その根拠である快の感情を分析しなければならないということで、快の感情の分析が開始されました。

第一の分析では、快の感情が無関心であることが明らかにされました。趣味判断の根拠となれるのは、欲求や欲望とは無関係な快でなければならないということです。《接吻》が高く売れそうだとか、官能的でグッとくるとか、そうした理由で得られる快は、趣味判断の根拠としては不適切です。無関心な快を根拠とする趣味判断が言明するのは、善さや快適さから独立した純粋な美なのです。

第二の分析では、無関心性という特徴から、快の感情の普遍性が導き出されました。この普遍性は、あらゆる人の一致を期待・要求しつつも、それを強制しません。「《接吻》が綺麗」という僕の判断は、「みなさんも、《接吻》を綺麗と思うでしょ」というあらゆる人の賛同を要求するものの、一致を強制しはしないのです。こうした普遍性を持つ快の感情はプライベートで個人的な感情から区別され、快から趣味判断を下す趣味も単なる好みからは区別されます。

また、第二の分析では、普遍性を帯びる快の感情がどこから生じるのか、その源泉ないし原理も明らかにされました。私たちのこころに形成される認識能力の調和こそが、あらゆる人に伝達されうるこころの状態であり、普遍的な快を生み出すものでした。その調和がいかにして形成されるのか、そして、どうして快の感情を生じさせるのか、これらの問題に、本章が見てきた第三の分析は目的のない合目的性という概念でもって応答しました。

ただし、調和がどうしてあらゆる人に伝達されうるのか、快の感情はいかにして普遍的でありうるのか、これらの問題はいまだ問題のままです。

第四章

範例的な必然性：快の感情の分析その四

快の感情の第四の分析では「必然性」が導かれます。必然性という概念をイメージすることは、合目的性のときと比べて、それほど難しくないでしょう。ただ、快の感情が必然的であるという事態をイメージするとなると急に難しくなるはずです。カントは、必然性を支えるものとして「共通感覚」という概念を持ち出しますが、こちらについては馴染みのない人がほとんどでしょう。

本章で考察するのは、快の感情の必然性（＝範例的必然性）および、それを支えるものとしての共通感覚です。それらがいかなるものなのか考えていきましょう。この四つ目の分析は最後の分析です。次章では快の感情の正当化の話へと移るので、そのための準備もしたいと思います。正当化とはどのような手続きなのか、なぜ正当化は必要なのか、確認しておきましょう。

本章の内容は、『判断力批判』「美的判断力の分析論」の第一八節〜第二十二節に対応します。

第一節　範例的な必然性

必然性とは何か？

まず気になるのは、カントが快の感情の必然性という特徴をどこから導くのかということです。

分析の足掛かりは、趣味判断があらゆる人に対して自身への賛同を要求するという点にあります。僕は「《接吻》が美しい」と発言をすると同時に「みなさんも、《接吻》を綺麗と見なすでしょ」と他のすべての人に対して賛同を要求します。これは、快の感情の普遍性（第二章第二節を参照）が反映された事態でした。カントは、普遍性が示す事態から必然性を分析します。

それでは、そうした事態のどこに必然性が見出されるのでしょうか？　それ以前に、そもそも必然性とは何なのでしょうか？　何かが必然的であるとは、いかなる事態なのでしょうか？　ここでも基本的なところから始めましょう。

志望大学を目指して勉強に励んでいた受験生ですが、入試当日、不幸にも交通事故にあってしまったと仮定します。救済措置もなく、結果として入試を受けられませんでした。人的ミスでもおきない限り、この受験生に合格通知は絶対に届きません。入試を受けなかった受験生にとって不合格は必然です。このとき、「必然」は不合格のあり方を決定しています。

入試を受けることは、合格するための必須条件です。入試を受ければ、合格する可能性が生まれます。入試を受けなければ、その可能性さえ失われるので結果は不合格以外にはありえません。この「これ以外にはありえない」が「必然」です。入試を受けなかった受験生にとって、不合格は「不合格以外にはありえない」というあり方を持っていて、それが「必然」と呼ばれるのです。

哲学や論理学では、こうした存在のあり方（あるいは、それが言明される判断や命題のあり方）を「様相」と言います。「必然的」以外にも、「可能的」や「現実的」といった別の様相もあります。例えば、入試を受ければ、合格する可能性が出てきますよね。この場合、受験生にとって合格は可能的なものになります。

カントの場合も、必然は様相の一つと理解されるので、「これ以外にはありえない」あり方が、あらゆる人に賛同を要求する趣味判断に、正確に言えば、その根拠である快の感情に見出されるはずです。

快の感情の必然性

僕は、「《接吻》が美しい」と判断するとともに、「みなさんも、《接吻》を綺麗と見なすでしょ」とあらゆる人に対して賛同を要求します。この要求ができるのは、第二章第二節でも見たように、すべての人が僕の判断に必ず一致するという期待があるからに他なりません。

この期待は、言い換えると、すべての人が快の感情を必ずクリムトの《接吻》に感じるという期待であり、快の感情を必ず《接吻》に接続するという期待です。ここにこそ、快の感情の必然性を見出すことができます。つまり、ここで期待されている事柄のなかにおいて、快の感情は《接吻》に結びつけられる以外にはありえないというあり方を持っているのです。

かりに快の感情が《接吻》に結びつきうる（＝可能）というあり方を持つなら、あらゆる人に対する賛同は要求できなくなります。快の普遍性も失われます。しかし、快の感情に普遍性があることはすでに分析されていて明らかなので、快の感情は、《接吻》のような判断の対象に必然的に結びつけられていなければなりません。この意味で、快の普遍性と必然性はセットになっています。

ただ、注意しなければならないのは、快の感情の必然性は期待されるものでしかないという点です。

受験生は、模試ではいつも志望校の上位トップ一〇に入っていて、合格する以外にはないだろうと期待されていました。しかし、期待は裏切られました。期待は、裏切られ、外れます。確実にその通りにしかならないのであれば、それはもはや期待ではありませんから。期待は、裏切られる、外れる、その通りにはならない可能性を持つゆえに期待なのです。

僕は、《接吻》について趣味判断を下し、この判断に賛同することを、他のすべての人に要求します。この要求は、すべての人が快の感情を《接吻》に結びつける以外にはありえないと期待すること、すなわち、《接吻》についての快の必然性を期待することに支えられています。ただし、この快の必然性は、期待される事柄である以上、その通りにならないこともあります。僕がいくら期待していても、みなさんのなかには《接吻》に快を感じない人も当然いるでしょう。

快の感情の必然性は、期待のなかでは対象との必然的な結びつきを示すのに、現実においては快のそれ以外のあり方を許容します。不思議な必然性ですが、この不思議さは、第二章第二節で考察した主観的な普遍性にも見られたものです。主観的な普遍性も、あらゆる人が判断や感情に一致することを求めるのに、実際にはそうした一致を強制せずに例外を許します。ここには同様な不思議さがあります。だけど、これらの不思議さのおかげで、美しさは、どんな人に対しても美しくあることができながらも、それを強制することはしないという、絶妙なあり方を保つことができるのです。許容がないと、バラも《接吻》も、いつでもだれにとっても問答無用で美しくなくてはならないという、とても変な事態になってしまいます。

範例と必然性

カントは、こうした不思議な必然性に「範例的必然性」という名前をつけます。なぜ「範例的」と形容されるのでしょうか？　このことを考えながら、快の必然性についてもう少し理解を深めましょう。

そもそも範例とは、模範となる例を意味します。範例は、一つの例、実例、事例でありながらも、「それを見習うべき」と要求します。見習うべき例が範例なのです。僕は中学生のときいつもネクタイをだらんとしてすごしていました。先生には「X君を見習ってちゃんとしろ」とよく叱られました。Xさんは、僕とは対照的に、制服を校則通り着用していました。Xさんは、他の生徒が見習うべき、生徒の鏡であり、模範であり、範例だったのです。

こうした一般的な意味を踏まえると、「範例的」という形容は、快の感情の必然性（＝快が対象と必然的に結びつくという事態）が、一つの事例として模範となり、みながそうすべき事態を表していると考えられます。これではまだわかりにくいので、趣味判断の次元で考えてみましょう。

僕が「《接吻》が美しい」という判断を下すとき、この判断は一つの事例となります。なぜなら、これは、そのとき《接吻》についてまさにこの僕が感じた快を基に下された個別的な判断だからです。快の感情も趣味判断も個人（＝僕）のものであり、一つの事例なのです。そのため、現実には、《接吻》について快の感情を結びつけない人もいて、趣味判断が一致しないこともあるわけです。でも、僕が用いた快の感情には（それが何によって正当化されるのかは保留のままですが）普遍性があり、どんな人も《接吻》に快の感情を結びつける以外にはありえないという期待があります。

この快の必然性は、「みなさんも、《接吻》を綺麗と見なすでしょ」、「僕と同じように判断するでしょ」という賛同の要求として現れます。ここでは、僕の趣味判断を例に、みながその判断に一致すべきことが要求されています。僕の趣味判断は一つの範例になっているのです。

快の感情の必然性が範例的と呼ばれるのは、一つには、それが一つの事例において問題になるからであり、もう一つには、みながそうすべき事態を表しているからです。どの人も例に習ってそうなるべきだけど、それは一つの事例における話なのでそうならないことも許容する、これが範例的な必然性の意味するところです。変なカンジがするかもしれませんが、見習うべき例という範例の意味にも、見習われない場合があったり、見習わない人がいたりすることが前提されているので、それは範例が持つもともとの意味の反映なのでしょう。

さらに、快の感情の必然性が範例的であることは、Xさんが校則に従った一人の実例であったように、快の感情、そして趣味判断が、何らかの規則や法則、原理に従った一つの例であるということを示しています。見習うべき事例であるなら、その「べき」を支える規則や原理のようなものがあって当然だということですね。

第二節　共通感覚

認識判断と客観的な必然性

それでは、こうした必然性、あるいは「べき」を支えるものとは一体何なのでしょうか？　この問題に答えるためにも、もう少し必然性について、とくに認識判断との関係から検討しておきます。なにも必然性は趣味判断やその根拠である快の感情に限られた特徴ではありません。認識判断も必然性を特徴としますし、むしろ、こちらの方がカントにおける必然性の典型と言えます。

何度も見てきたように、認識判断、例えば「これはバラである」を下す人は、バラの概念を通じて客観につながります。それ以外の仕方で客観につながることはできません。バラによく似ているベゴニアの概念を通じてつながるのであれば、下した判断は偽になってしまうからです。なので、「これはバラである」という判断を下す人は、バラの概念によってバラという客観につながる以外にはありえません。これを「客観的必然性」と言いますが、いま見た事態は第二章第二節で考察した「客観的普遍性」が現すものでもあります。

認識判断は、客観を規定する概念（バラの概念）を根拠とする点で、一つの事例にはなりません。概念を使用している限り、判断はその概念に関わるものすべてに関係するからです。ここでは、すでに判断の個別性は乗り越えられていて、だれがその判断を下すかどうかは問題になりません。そのため、客観

ベゴニア

的な必然性は、範例的な必然性とは異なり、一個人の事例にとどまることなく、概念に関わるすべての人に例外なく当てはまります。客観的な普遍性が強い普遍性であったように（第二章第二節を参照）、客観的な必然性も強い必然性と言えるでしょう。

こうした客観的な必然性と比較すると、範例的な必然性は弱い必然性ということになります。しかし、主観的な普遍性もそうでしたが、この「弱さ」（前節では「不思議さ」と形容していたそれです）が重要です。この弱さのおかげで例外が許されるからです。そうでないと、美しさの絶妙のあり方が説明できなくなってしまいます。弱くて不思議な必然性と普遍性、これが快の感情の特徴なのです。

これに対して、「こんなの本当の必然性・普遍性じゃない」と問題提起することも可能でしょう。ただ、普遍性も必然性も否定されてしまうと、美は個人の好み（第二章第一節を参照）に終始してしまいます。みなさんが、何かを美しいと判断したさいに、それがこころのなかにおいててであれ、口に出す仕方であれ、「これ綺麗でしょ」とだれかに同意を要求したことが一度でもあれば、美には何らかの普遍性と必然性があるはずなのです。その点を、カントは主観的普遍性と範例的必然性として分析したのでした。

必然性と共通感覚

では、快の感情の必然性は何によって支えられるのでしょうか？　まず言えるのは、それが、バラの概念のような客観を規定する概念ではないということです。概念に基づくとなれば、その必然性は客観的な必然性になりますし、成立する判断も趣味判断ではなく認識判断になってしまいます。主観的な感情が客観的な概念に支えられるというのもおかしな話です。

ここからカントは、範例的な必然性が客観的な規則や法則、原理を支えとするものではないと分析し、次のように結論づけました。

したがって、趣味判断は、諸概念ではなく、もっぱら感情を通じて、とはいえ、気に入る／気に入らないものを普遍妥当的に規定する主観的原理を持たねばならない。ただし、そうした原理は共通感覚としてしか考えられえないだろう。(KU 第二〇節)

問題となる原理は主観的原理です。これは、「客観的ではないので主観的」という単純な二者択一ですね。そして、この原理は感情に関わります。これも、「概念ではないので感情」ということです。一番重要なのは、この原理があらゆる人に関わるものであるという点です。そうでなければ、普遍妥当的に、つまりあらゆる人に当てはまる事態を規定することができないからです。

これらの、主観的であり、感情と関わり、あらゆる人と関わるという特徴を持つ原理が共通感覚です。ふつう必然性は概念に支えられます。しかし、趣味判断および快の感情の必然性は、客観的ではないので概念に支えられてはならない。でも、すべての人に関わるような支えが必要なので、みんなに共通する感覚がその原理として分析されたというわけです。

以上から、範例的な必然性を支えるものが共通感覚であることははっきりしました。ですが、これで「なるほどね」と腑に落ちますか？　認識判断および客観的な必然性との比較を通じて共通感覚が導かれたのは確かなのですが、ポっと出感がいなめません。共通感覚は本当に範例的な必然性を支えてくれるのでしょうか？　しっかり確認しておきましょう。

共通感覚は、感覚である以上、主観的なものであり、あくまでも概念ではなく感情に関わります。この点で、個人（＝僕）が感じることが問題になります。共通感覚は、感情が僕のものであることを否定しません。そのため、僕は、まさに僕が感じた快の感情から判断を下すことができます。共通感覚を原理にすると、快の感情も趣味判断も僕個人のものとなり、一つの事例となります。

しかし、だからといって、共通感覚は、それらを個人の好みのような私的なものにはしません。この感覚には、あらゆる人との共通性があるからです。共通感覚は、概念ではないので、それに関わる人全員を無条件に従わせる力は持ちません。それでも、感情については、それがすべての人に共通するという事態を確保します。共通感覚からは、すべての人を無条件に従わせる普遍的法則こそ出てきはしませんが、「みんなこれと一致すべき」という規範は提供されるのです。

こうした共通感覚を原理としたとき、趣味判断および快の感情は、以下のようなあり方を示します。まず、判断も感情も、あくまでも個人のものであり、その限りで一つの事例となる。ただし、ここでは、すべての人が、とくに感情について共通するという事態が確保されているので、判断と感情には、すべての人がそれに一致すべきという規範が含まれます。結果として、趣味判断および快の感情は、一つの事例でありながらも、だれもがその判断と感情に一致すべきと要求することができるようになります。もちろん、そこでは例外は許容されます。

このように、共通感覚という原理は、趣味判断と快の感情が範例として必然性を持つことを確かに可能にしてくれます。共通感覚は、その特徴からしても範例的な必然性をしっかりと支えるものでした。それでも、疑問は残ります。結局、共通感覚とは何なのか？　何をしているのか？　その特徴をいくつか説明してきたわけですが、おそらく、みなさんの理解は「みんなに共通する感覚」ぐらいにとどまっていることでしょう。以下では、もっと詳しく見ていきます。

能力としての共通感覚

共通感覚はカント独自の概念ではありません。古くはアリストテレスが、彼以降も、さまざまな時代のさまざまな言語でさまざまな哲学者が、この概念を使用してきました。その意味は多様です。例えば、アリストテレスでは、諸感覚を統合する能力であったり、スコットランド啓蒙思想では、自明な事柄を判断する常識という能力であったりします。共通感覚を網羅的に研究しようとすれば、一生を費やしても足りないでしょう。

執筆の途中で死ぬわけにもいきませんので、ここでは大まかに共通している点を考えてみます。それは共通感覚が能力であるという点です。しかし、これには、みなさん違和感を覚えるのではないでしょうか？　というのも、「感覚」と聞けば、ふつうなら、外的・内的刺激によって脳や神経、こころが刺激されることでおきる意識（痛みや寒さ、興奮や不安など）を思い浮かべるからです。辞書でも第一の意味はそのようになっていることがほとんどです。感覚は受動的です。なのに、それが自発性を本質とする能力であると言われても困惑するはずです。

しかし他方で、感じ取る動きや感受性という意味も辞書には書かれていたり、感じる機能としての五感が感覚であるという説明もあったりします。つまり、感覚には、受動的な意味だけでなく、能動的な意味もあります。哲学者は、感覚の受動的な意味を理解しつつも、受け取ったり、分類したり、まとめたりする能力といった能動的な意味でも感覚を理解してきました。なので、違和感は残るかもしれませんが、共通感覚が能力として理解されても問題はありません。

先の引用を見る限り、カントも共通感覚を能動的なものとして捉えています。共通感覚の働きが「もっぱら感情を通じて気に入るものを普遍妥当的に規定する」と定義されているからです。気に入るものが快を感じる対象であることを考慮すると、共通感覚とは、私たちが対象に快を感じる（＝気に入る）さいに、そのあり方をあらゆる人に当てはまるようにする能力のようなものであることがわかります。

快の感情を普遍妥当的にするものと言ってもいいでしょう。なぜこんなことができるのか？　それは、共通感覚が、その共通性から感情についてすべての人が共通するという事態を確保するからです。

理念としての共通感覚

では、カントにとっても共通感覚は能力なのでしょうか？　能力であると仮定してみましょう。共通感覚は私たちが趣味判断を下すにあたり前提されなければならないものでした。したがって、趣味判断を下すときにはいつでも共通感覚という能力が発揮されていることになります。能力が発揮されているので、快の感情はどんなときもすべての人にあてはまり、気に入るもの（快の対象、美しいもの）はだれにとってもそのようなものになるはずです。

これはまずいのではないでしょうか？　だって、そうなれば、僕が、例えば僕が、F・ゴヤ（1746–1828）の《我が子を食らうサトゥルヌス》(1819–1823) を美しいと判断すると、他のどんな人も《サトゥルヌス》に快を感じる以外にはなく、《サトゥルヌス》はどんな人にとっても気に入るもの、つまり美しいものになってしまうからです。これでは、《サトゥルヌス》に快を感じないこと、《サトゥルヌス》を美しいものと見なさないことが許容されなくなります。だれかが何かを美しいと判断すれば、それは自動的にすべての人にとって美しいものになってしまいます。もちろん、主観的な普遍性も範例的な必然性も不可能になります。すべてがぶち壊しです。

なので、共通感覚は趣味判断のために発揮される能力ではありません。それなら、共通感覚とは一体

《我が子を食らうサトゥルヌス》

何だと言うのでしょうか？　カントによると、共通感覚は「理念」という身分に落ち着きます。

じゃあ、理念とは何なのか？　理念はカント哲学のもっとも中心的な概念の一つで、いずれの主著においても重役を担います。これを厳密に説明しようとすれば果てしがないので、ここでは必要な説明にとどめます。

理念とは、理性の概念、つまり理性が作った思考物です。『純粋理性批判』と『実践理性批判』（1788）で主題とされた不死や自由、神が有名ですが、『判断力批判』では無限や全体などの理念も登場します。共通する特徴は経験を超えているという点です。不死も神も全体も私たちは経験することができませんよね。しかし、理性を使えば考えることはできます。

例えば、人間界や自然界という全体を考えてみましょう。一人が一生出会える人の数はせいぜい数万人と言われています。世界人口約八〇億人と出会うことは絶対にできません。にもかかわらず、私たちは身近な人間関係や訪問先での出会い、世界情勢についての報道などから推論を重ねて、人間の世界全体を考えたりします。他にも、近所の汚れた海を見た経験から、どこの海も汚れているのかもしれないと推測し、そこからさらに自然界全体の汚染を心配したりします。このときも、海を見たという経験から、本来は経験できない自然界という全体を考えています。

以上のように、私たちは個人の経験から、推理・推論を重ねて、経験不可能な全体を考えることがあります。これを可能にするのが推理・推論の能力である理性であり、推論を通じて考えられた思考物が理念です。ちなみに、理性は、本来推論する力しか持っていないのに、たまに勢いあまって、思考物が実在するとか言い出すことがあります。神は実在するとかです。この越権行為を質したのが『純粋理性批判』です。この本はその名前の通り、理性の適切な働きと不適切な働きとを分けたのです（「批判」には元来「分ける」という意味があります）。

共通感覚は、こうした理性の思考物としての理念とされます。そうなれば、趣味判断が共通感覚を原理として前提したとしても、それは思考上の想定にすぎなくなりますし、共通感覚が経験の次元において趣味判断の成立に影響することはなくなるので、それを能力として考えた場合におきるような問題は生じません。共通感覚は想定された観念的（＝理念的）な原理にすぎないのであって、現実に個々人が持つ能力などではないということです。

こう説明すると、カントの誇大妄想のようにも聞こえるかもしれません。なので、その想定が正当かどうかを明らかにする必要があります。もちろん、カントはその正当性を示そうと試みました。これについては後ほど考察します。

長くなってしまいました（それだけ重要な概念だったということですが）。まとめましょう。共通感覚とは、私たちが趣味判断を下すさいに、その対象に快を感じるあり方（＝対象を気に入るあり方）をすべての人に当てはまるようにしてくれる原理です。ただし、この原理は理念であり、思考や観念の次元でのみ力を持ちます。現実には（＝経験の次元では）趣味判断をどうこうする力を持っていません。そのため、現実では他人の趣味判断に同意しなかったり、だれかが快を感じているものについて快を感じなかったりできるわけです。

他方で、理念としての共通感覚が現実においてまったくの無力かと言うと、そうでもありません。現実では観念的な規範として機能します。この規範は、すべての人がそれに一致すべきというかたちで現れ、すべての人が自分の趣味判断に必ず一致するという期待を持たせます。そして、趣味判断および快の感情が、一つの事例であるにもかかわらず、だれもがそれに一致すべきと要求することを可能にします。共通感覚は範例的な必然性を観念の次元（＝理念の次元）において支えるものだったのです。

第三節　快の感情の正当化へ

分析から正当化へ

カントは、快の感情を四つのセクションにおいて分析してきました。結果として、快には、無関心性、主観的普遍性、目的のない合目的性、範例的必然性という特徴が見出されました。こうした仕方で趣味判断の根拠である快の感情がいかなるものであるのかが明らかにされたわけです。

それらの分析を進めるなかで、カントは、分析の範疇を超えた問題を提起しました。それが、趣味判断はいかにして可能であるのかという問いです。これは、快の感情がいかにして可能であるのかという問いでもあります。この「いかにして可能であるのか」という問いは、「いかなるものであるのか」、あるいは「何であるのか」という分析が応答した問いとはまったく別の種類のことがらを尋ねています。後者では、判断や感情の諸要素・特徴の記述が求められたのに対して、前者では、それらの可能性を確保・保証し、その正当性を示すことが求められます。

この別種の問いに対して、カントは正当化という方法で応答します。正当化とは、趣味判断および快の感情を適切に支える原理を導き、それらが正当な仕方で可能になっているものだと保証することです。

しかし、なぜカントはわざわざ別種の問いを立てて、正当化を試みる必要があったのでしょうか？　それは、趣味判断が他人に対して、それもあらゆる人に対して賛同や一致を要求するからです。快の感情が普遍性や必然性を持つからです。それらを可能にする原理がないとなれば、快の感情は何の権利もないくせに普遍性や必然性を主張する不当な感情になり、趣味判断もまた不当な要求をする判断になり果ててしまいます。美しさも、そうした越権行為の象徴のようなものになってしまうでしょう。ひょっとするとそのような美のあり方もありえるかもですが、少なくともカントは、それではいけないと、趣味判断および快の感情、とくに後者に対して、それが正当な仕方で可能になっていることを示そうとしたのです。

ちなみに、正当化はカントのこだわりポイントです。カントは、とくに批判書（『純粋理性批判』、『実践理性批判』、『判断力批判』）で、考察の対象がいかなるものであるのか（何であるのか）を考えるとともに、その対象がいかにして可能であるのかと問い、それが正当なものであるかどうかを厳しくチェックしています。この正当性チェックにより、まともに見えた哲学の概念が実は不当なもの（＝越権行為を働くもの）であったことが示されたり、あやしいと思われていた概念が本当は正当なものであったことが明らかにされたりしました。その結果、諸概念の整理や体系化が進んだわけです（カントは整理とか体系化とかが大好きです）。

こうしたカントに対して、「厳しいなぁ」、「几帳面すぎでは」なんて感想を持つ人もいるでしょう。しかし、みなさんは、不当なものや根拠のないもの、あるいは越権行為を行うものを見逃せますか？　とくに自分の利益に関わる場合にはどうでしょう？　おそらく告発したり、異議を申し立てたりと、何らかの対応措置を取るはずです。カントにとって哲学は自分のフィールドです。であれば、いくら厳しくなってもなりすぎということはないでしょう。

さて、正当化は分析とは別の方法なので、それが行われる箇所も『判断力批判』では区別されています。分析は第一節から第二十二節までの「美しいものの分析論」という箇所（ここには本章までに見てきた四つの分析が含められます）で問題にされるのに対して、正当化は第三十節から第三十八節までの「純粋な美的判断の演繹」という箇所のテーマにされています。しかし、実際のところ、この区別はけっこう曖昧で、カントは何度かフライングして分析の最中にあっても正当化を行っています。その最たる例が前節で考察した共通感覚という原理です。

共通感覚は、趣味判断があらゆる人に対して賛同を要求することを保証する原理として導かれました。このおかげで、そうした要求を行う趣味判断も、根拠の快の感情も正当に可能であることが確保されます。共通感覚によっては、理由や根拠がないままに趣味判断を下してはいないということが保証されるのです。

もちろん、これで趣味判断、快の感情の正当化が完了したわけではありません。共通感覚による正当化は理念（＝観念）によるものでした。その一方で理念とは別の次元においても原理が考えられるということで、カントは、別の原理による正当化も考えています。また、共通感覚という観念的な原理を想定することが正当なのかどうかについても、つまり原理の正当性についてもチェックを忘れません。そのため、正当化にはいくつかのヴァリエーションが考えられます。

正当化のヴァリエーション

ということで、正当化についてもう少し理解を深めましょう。

正当化が必要になるのは、考察の対象に、根拠のない不当性や越権行為の疑いがあるからです。趣味判断および快の感情について言えば、これらが個人のものであるにもかかわらずあらゆる人に対して賛同や一致を要求するという、見るからにおかしな点が疑いを招きます。

この疑いを払拭するために取られたのが共通感覚による正当化です。ただ、快の感情には他にも原理があって、それらに応じた正当化が考えられます。では、他の原理とはどんなものなのでしょうか？

第二章のおわりでは、構想力と悟性という認識能力から成り立つこころの状態、つまり調和（＝自由な戯れ）が快の感情の原理として明らかにされました。調和は共通感覚とは別種の原理です。調和は、まさに経験の次元、現実において私たちが抱くこころの状態です。快の感情が生じることに対しても、趣味判断が成立することに対しても直接関わります。この点で、調和は、観念の次元にある理念からは明確に区別され、共通感覚とは別の原理です。

実は他にもあります。それが「自然の合目的性」という原理です。「このバラが美しい」という趣味判断の根拠はその判断を下す人がバラについて感じた快です。なぜ快の感情が生じたのかと言えば、バラを見たその人のこころに調和という状態が形成されて、それが感じ取られたからです。それではさらに、どうやって調和が形成されたのかと言えば、目的のない合目的性という原因性があったからです。つまり、私たちがバラに対して合目的的なこころの状態を持たなければ、快の感情も生じないし、趣味判断を下すこともないというわけです。

ここでカントに疑問が浮かびました。私たちはいかにしてバラに対してそのようなこころの状態を形成することができるのか、そこに根拠や権利はあるのか、実はバラ（自然）に対して身勝手な越権行為を犯しているのではないか、こんな疑問です。この疑問は、私たちはいかにして対象に対して合目的的なこころの状態を抱くことができるのかという問いに換言できます。

この問いに応答するのが「自然の合目的性」という概念です。自然が合目的的であるという事態を意味するこの概念を原理として想定すれば、バラ（自然）は私たちのこころの状態と同様に合目的的であることになり、私たちが自然に対して合目的的な態度を抱くことの可能性が保証されるというわけです。詳しくは次章第三節で考察します。

まとめましょう。快の感情には少なくとも次の三つの原理が考えられます。第一に共通感覚、第二に調和、第三に自然の合目的性です。カントは、これらの原理すべてでもって快の感情の正当化を試みます。それぞれの原理は性格を異にしていて、それぞれの役割が担わされています。何とも周到ですね。

そしてさらに、とくに最初と最後の原理に対しては、それらを想定することが正当なのかどうかについて、別様の正当化を試みてさえいます。要するに、快の感情の正当化は、そこで用いられる二つの原理の正当化をも含むかたちで、三つのヴァリエーションを持つことになります。

みなさん、正当化についてのイメージはつかめましたか？　次章では、以上の正当化をそれぞれ詳しく見ていきましょう。なかには、「こんな抽象的な話はもううんざり」、「もうお腹いっぱいだよ」という人もいるでしょう。わかります。でも、カントからすると、ここで匙を投げられては困るのです。恐ろしいかな、ここからがカントにとってはむしろ本番だからです。

第四節　感情の理性化

前章第四節では、カントが、快の感情の第三の分析において合目的性を実践的なものから理論的なものへと再構成することを経て、理性（知性）の反対に位置づけられていた感情を、むしろ理性の側へと近づけ、それによって女性的な感情を男性化したことを確認しました。

本章で見てきた第四の分析では、この男性化がさらに促進されたと考えることができます。その決定的な契機になるのが共通感覚です。共通感覚は、私たちが何か対象について快を感じる、その感じ方をすべての人に当てはまるようにする、つまりその名の通り共通のものにする原理でした。ただし、しつこく述べてきた通り、共通感覚は理念にすぎません。理念は理性の思考物です。

ここで、ちょっと理性の思考の内部で考えてみましょう。観念の世界です。そこでは趣味判断が理想的なかたちで成立します。私たちは趣味判断を下すさいに共通感覚を発揮していて、野に咲くバラを見た人はだれもが同じ感じ方を持ち、一様にそのバラに快の感情を感じます。個人による違いはありません。したがって、だれもが例外なく「このバラは美しい」という判断を下し、おのずとその判断に一致ないし賛同することになります。もちろん、これは観念（＝理念）の世界・次元の話なので、現実化されることはありません。現実ではせいぜい観念的な規範として機能するだけです。

この観念の世界のなかでとくに注目したいのが快の感情です。共通感覚に支えられた快は、だれにでも一様であるというかたちで理想化され、それ自体が理念的な感情です。つまり、カントは理念としての感情を考えています。もっと大胆に言えば、感情を理性化したと言えるでしょう。

一般に理性と感情は対立するものと理解されています。みなさんのなかにもそれが当たり前と感じる人もいるでしょう。カントもそうです。しかし、カントは、趣味判断の根拠になる快の感情については、その位置を変更し、感情を理性の側へと近づけました。その極めつけが理念としての感情だと考えられます。感情は理性の側に近づくどころか同一化させられています。

理性は、男性のジェンダーに関わる概念グループの代表でもあります。それに感情が同一化したということは、美に関わる感情が男性的な概念グループの中心に位置づけられたも同様です。前章で指摘した感情の男性化、それがここで完了したと言ってもいいでしょう。

このように、快の感情の第四の分析、とくに共通感覚という理念の登場は、美に関わる感情の男性化を完了させました。これは、美しさの男性化が完了したという意味でもあります。『美と崇高の感情に関する観察』では女性的な概念グループに割り振られていた美は、『判断力批判』の快の感情の分析を経て、男性的な概念グループの、それもその中心へと位置づけ直されたわけ。

本章は、快の感情の四つ目の分析を見てきました。そこで分析されたのは、快の感情（および趣味判断）の必然性でした。ただ、この必然性は、認識判断に見られるふつうの必然性、つまり客観的な必然性から は区別される不思議な（あるいは変な）もので、範例的必然性と呼ばれます。

それが範例的と呼ばれるのは、快の感情と趣味判断が一つの事例でありながらも、みながそうすべき／そうなるべき事態を表すからです。そして、この必然性のみそは、みながそうしない／そうならないことを許容する点にあります。範例は、見習われないことや見習わない人を許容します。つまり、どの人も例に習ってそうすべきだけど、それは一つの事例における話なのでそうしないことも許容する、これが範例的な必然性の意味するところでした。

そして、カントは、客観を規定する概念が客観的な必然性を支えるように、範例的な必然性にもそれを支えるものがなければならないと考え、その役目を共通感覚という理念に負わせました。共通感覚によってすべての人が感情について共通するという事態が確保され、快の感情と趣味判断は、一つの事例でありながらも、だれもがそれらに一致すべきと正当な仕方で要求できるようになるのです。

快の感情の分析は、この第四の分析をもって終わりです。分析を終えたカントは、今度は正当化へと手続きを進めます。まあ実際には、第四の分析のなかに登場した共通感覚の話は、すでに分析の域を超えていて、正当化に関わるものでしたが。正当化についての細かな話は次章に譲ります。

第五章　三つの原理と正当化：快の感情の正当化

本章の目的は、ただ一つ、快の感情の正当化を理解することです。前章第三節での考察を踏まえて、共通感覚、認識能力の調和、自然の合目的性という三つの原理に対応する正当化がいかなるものであるのかを、その正当化が必要になる理由とともに、それぞれ考察していきます。

可能な限りシンプルな構造をカント自身の説明から抽出し、わかりやすい解説を目指します。『判断力批判』を読むよりは圧倒的にわかりやすいでしょうし、何もわからないということにはならないと思います。が、お察しの通り、本章は、これまでの解説以上に抽象的で難しくなるでしょう。これについては、「いやぁもうこれがカントなんだ」と思って観念してください。

快の感情の正当化に関わるのは、『判断力批判』の「純粋な美的判断の演繹」という箇所です。ただ、すでに見たように、その割り当ては思いのほかいい加減で、この箇所以外にも、例えば共通感覚については四番目の分析で問題にされていました。実は他にも、調和については第二の分析のなかで触れていますし、自然の合目的性にいたっては序論で検討が終わっちゃっています。整理・体系化したがり屋のカントにあっては「なんで?」という感じがしますね。

そのため、本章の内容は、「純粋な美的判断の演繹」のとくに第三十八節、それ以外にも序論の第Ⅴ節から第Ⅶ節、第二の分析の第九節、第四の分析の第二〇節から第二二節に対応するものになっています。

第一節　共通感覚という原理

正当化とは何か？

前章で説明したばかりですが、やはり難しいので、正当化とは何かについてもう一度簡単に確認しておきましょう（それについてはもうバッチリだという人は、次の節まで読み飛ばしてもらっても大丈夫です）。

まずは、正当化が必要になる理由です。考察する対象について、それが根拠を欠く不当なものであるとか、越権行為を犯すものであるとか、そんな疑いが出てくると、正当化が必要になるとカントは考えます。快の感情（および趣味判断）の場合には、それが一人の個人のものなのにすべての人に一致や賛同を要求するという点が見るからにおかしかったので疑いが生まれました。もっと端的に言えば、快の感情に普遍性と必然性が見出される点に疑いがかけられたのです。他にも、快として現れる合目的的な状態、その形成についても越権行為が疑われていましたね。こうした事情から、快の感情を正当化しなければならなくなったわけです。

正当化は、そうした疑いをはらすために、問題の対象が正当な仕方で可能になっていること、つまりその対象がそれを可能にする根拠や原理の上に成立していることを示します。快の感情の正当化について言えば、快の感情を可能にする原理を導き、それが正当な仕方で可能になっていることを保証します。すでに見たように、快の感情の原理には複数の異なった原理が考えられます。そのなかには原理そのものが正当化を必要とするものもありました。そのため、快の感情の正当化は、そこで導かれる原理の正当化をも含めたかたちで、いわば二重の正当化として行われる場合もあります。

共通感覚をめぐる正当化

まずは、前章の記憶があるうちに、共通感覚に関わる正当化から始めましょう。

共通感覚は、私たちが趣味判断を下すさいに、その対象に快を感じるあり方（＝気に入るあり方）をすべての人に当てはまるようにしてくれる原理でしたね。これにより、快の感情は普遍妥当的（＝あらゆる人に当てはまる）であることができ、快に基づく趣味判断があらゆる人に賛同を要求することも不当ではなくなります。共通感覚は、快の感情が普遍妥当的なものとして成立可能であることを保証し、越権行為のようにも見えた必然性の主張を正当化します。

ただし、共通感覚は理念という観念的な原理であり、経験の次元（＝現実）において快の感情や趣味判断を直接うんぬんする力はありません。快の感情および趣味判断が不当なものになっていないことを思考や観念の次元において保証するために想定された原理でしかないのです。

以上はほとんど前章第二節で説明したことの確認でしたが、このように共通感覚は快の感情を正当化する原理でした。問題は、この原理を想定すること自体が正当であるのかという点です。そのため、カントは、『判断力批判』の、その名も「根拠を持って共通感覚を前提することができるのか」（KU 第二十一節）と名づけられた第二十一節で、その表題に応答するかたちで想定の正当化を試みています。

それでは、実際に第二十一節のカントの論証を見てみましょう（ちなみに、第二十一節はこの論証のためだけに使われています）。この論証はいくつかの段階に分けることができます。その数は論証をどれだけ細かく考察したいのかによりますが、今回はそんなに神経質になってもしょうがないので、論証の骨子がわかる程度にしましょう。それでも、四つの段階になります。

まず、論証は一つの前提から始まります。その前提とは、私たちの認識や判断が普遍的に（＝あらゆる人に）伝達されうるという事態です。この事態が認められないと、私たちのあいだで認識や判断が一致しなくなり、認識についての懐疑主義が跋扈することになってしまう、なので、その事態は前提として認められなければならない、とカントは主張します。懐疑主義とか難しい話をしなくても、みなさんもこの前提を認めずにはいられないはずです。認識や判断が普遍的に伝達可能なものでないと同意が形成されません。友人との約束や取引相手とのアポをはじめ、社会生活における取り決めや契約といったことすべてが不可能になってしまいます。しかし、事実として私たちはこの社会で同意や取り決め、契約などの行為を行なっています。そうである以上、認識や判断が普遍的に伝達可能であるという事態は私たちにとって真にならざるをえないのです。

第二段階です。認識が普遍的に伝達されうるものであれば、そうした認識、つまり認識一般を成立させるために働く認識能力（＝構想力と悟性）の関係（＝調和）も同様にあらゆる人に伝達可能なものでなければなりません。作られた認識と同じ性格を、認識を作るものも持っていないといけないというわけですね。ここで、調和が普遍的に伝達可能であることが論証されました。

三番目の段階です。私たちは調和をどのように知るのでしょうか？　調和とは、こころの状態の一種であり、構想力と悟性の自由な戯れとも言われました。思い出してください、それが自由であるのは、構想力が、概念を用いた悟性による強制から自由であったからです（第二章第三節を参照）。なので、概念を使うと、調和を調和として知ることはできなくなります。（変な言い回しですが）調和を知的に知ることはできないのです。概念の対になるものを感情と捉えるカントは、したがって調和は感じることを通じてしかわからないと結論します。

第四の段階です。調和を調和として知るのであれば、調和の性格、つまり普遍伝達可能性が損なわれてはいけません。そのため、調和を知る感情のあり方、調和の感じ方も、調和と同様にあらゆる人に伝達可能でなければならないのです。この感情のあり方、感じるあり方は、感じるあり方をあらゆる人に当てはまるようにする共通感覚を前提せざるをえません。やっと共通感覚に行きつきました。以上から、共通感覚を想定することには根拠があるというわけです。

認識や判断があらゆる人に伝達しうるものであるという事態が真である限り、共通感覚を想定することには正当性があるのです。

念のために以上の論証の要約も記しておきましょう。認識は普遍的に伝達可能である。であれば、認識を成立させる調和も普遍的に伝達可能でなければならない。ところで、調和は感じることでしかわからない。それゆえに、その感じ方もまた普遍的に伝達可能でなければならない。感じ方が普遍的に伝達可能であるためには共通感覚を前提せざるをえない。よって、共通感覚を想定することには根拠がある。

これで、カントは共通感覚の正当化を終えます。どうでしょうか？　カントの論証は腑に落ちましたか？　僕がパラフレーズしたせいもありますが、あやしいと感じた部分もあったのではないでしょうか？

本音を言えば、僕も狐につままれた感じがしてなりません。実際、この論証には研究者からも疑問の声があがっています。本書ではこれ以上の深掘りはできないけれども、興味がある人は本節を『判断力批判』第二十一節と照らし合わせて、いろいろなツッコミをいれてください。

第二節　認識能力の調和という原理

調和と普遍性

次は、調和に関わる正当化です。繰り返しでしつこいですが、調和についての確認から始めましょう。調和は、構想力と悟性の協働によって構成される私たちのこころの状態でした。構想力と悟性は、認識(正確には認識一般)の成立を目的とした原因性、つまり目的のない合目的性に基づいて認識を成立させるために協働し、調和の状態を形成します。そして、私たちがこころのなかの調和を感じるとそれが快の感情として現れるのでした。なぜ快の感情として感じられるのかと言えば、調和が基づく合目的性が快を生じさせるからです(第三章第三節を参照)。

こうした認識能力の調和は、実際に快の感情を生み出す原理です。僕が「《パンドラ》が美しい」と判断するとき、僕はO・ルドン(1840-1916)《パンドラ》(1914頃)を前にして調和というこころの状態を抱いているからこそ、《パンドラ》に快を感じ、それを美しいとする趣味判断を下すことができます。現実に調和をこころの状態として持っていないと快の感情は生じません。共通感覚が観念（＝理念）や思考の次元における原理であったのに対して、調和は経験や現実の次元における原理であり、快の感情に直接関与します。

こうした違いがある一方、調和も共通感覚も快の感情を正当化する原理であるという点では同じです。そうした原理としては、快の感情および趣味判断の正当性を保証するために、快の感情が成立可能であることを保証しなければなりません。これには、調和が快の感情を生み出すという説明だけでは足りず、快の普遍性を何らかの仕方で担保する必要があります。

これについては、すでに第二章第三節で触れていますし、第三章の最後では次のような問いとしてまとめておきました。つまり、いかにして調和はあらゆる人に伝達されうるのか、快の感情はいかにして普遍的でありうるのか、という問いです。これらの問いに答えることができれば、調和によって普遍性を持つ快の感情が正当な仕方で可能になっていることが明らかになるでしょう。

ということで、まずは前者の問いに対する答えを見ていきます。この問いには『判断力批判』の三つの箇所で応答がなされます。そのうちの一つは第二十一節です。これ実はすでに前節で確認済みです。共通感覚を正当化する論証、その二番目の段階において調和があらゆる人に（＝普遍的に）伝達可能であることが論証されていました。その構造はシンプルなものです。認識があらゆる人に伝達しうる／されうるのであれば、認識を成立させる調和も、認識と同様の性格を持っていなければならず、普遍的に伝達可能でなければならない、という論証です。

《パンドラ》

また、さかのぼって『判断力批判』第九節でも、カントは、おおよそ同じような構造で論証を展開します。ここでもやはり、「普遍的に伝達可能なのは、認識と認識に属する限りでの表象以外の何ものでもない」(KU 第九節)というかたちで、認識があらゆる人に伝達されうるものであるという前提から始まります。そのうえで、こころのなかでは認識(正確には認識一般)のために構想力と悟性が自由な戯れ(=調和)を形成することが確認され、ここから、あらゆる人に伝達可能な認識のための調和は、その認識と同様に普遍的に伝達可能なものでなければならないと結論されます。第九節の記述には他の論点や問題に関連する説明もごちゃごちゃと混じっていますが、論証の骨子は以上の通りで、第二十一節とほとんど変わりません。というか、節の順番を考えれば、第二十一節の論証は第九節の繰り返しと考えられます。

最後に、カントは第三十八節でダメ押しの論証を行います。ここでは論証が一まとまりになっているので、せっかくですし引用しましょう。

すべての人間にあって、この能力〔=趣味、美的判断力〕の主観的制約、つまりそこで認識一般のために活動している認識能力の連関〔=調和、自由な戯れ〕にあたるものは一様である。このことは真でなければならない。なぜなら、さもなければ人間は自らの諸表象、認識すらも伝達できないであろうからである。(KU 第三十八節)

認識が私たちのあいだで伝達可能なものであれば、認識を成立させるために働く認識能力の連関(=調和）が私たちのなかで一様、つまり同じであることは真でなければならないというわけです。やはり論証の構造はこれまでとほとんど変わりません。ただし、その結論はより強い内容になっているように見えます。というのも、ここでは、認識のためのこころの状態（＝調和）が、私たちのあいだで伝達可能であるということを超えて、私たちのだれにあってもまったく変わらないことが一様性として結論づけられているからです。調和は、だれにとっても同じものであるからこそ、あらゆる人に伝達しうるのだということになります。

以上のように、カントは、『判断力批判』の三つの箇所で、いかにして調和はあらゆる人に伝達されうるのかという問いに応答しました。どの論証も基本的には同じ構造です。認識を成立させる調和／認識のための調和は、認識が普遍的に伝達可能である限り、認識と同じ様にあらゆる人に伝達可能でなければならないというものです。とてもシンプルな構造ですね。ただ、最後の応答のなかで、調和の普遍的な伝達可能性は、より強い意味内容を持たされ、一様性（同形成、斉一性などとも）にまでいたったという点には留意してもいいかもしれません。

調和が或る種の普遍性を持つことはすでに確実になった一方で、その普遍性をどのレヴェルで理解すればいいのかについては疑問が残ります。どうしてカントは最後に強い意味内容を与えたのでしょうか？　何かメリットがあったのでしょうか？　あるいは、そうせざるをえない理由があったのでしょうか？　これらの問題は、どうぞみなさんで考えてみてください。

調和による正当化

疑問は残ったものの、いかにして調和はあらゆる人に伝達されうるのかという問いには答えが与えられ、調和が普遍的に伝達可能という意味で普遍的であることが論証されました。思えば、これも正当化の一種ですね。調和の普遍性が根拠のあるもの、権利のあるものとして確保されたわけなので。

ここまでくれば、快の感情がいかにして普遍的でありうるのかという、残された問いに応答することは簡単です。僕が「《パンドラ》が美しい」を判断するとき、僕が《パンドラ》について快の感情を感じるのは、《パンドラ》を前にして調和という状態をこころのなかに抱いたからです。快の感情を生み出したのは調和です。こうした構造にあって調和が普遍性を持つことになれば、どうなるでしょうか？　言うまでもなく、そこから生み出される快も同様に普遍的になるはずです。《パンドラ》を前にして抱いた調和というこころの状態があらゆる人に伝達可能であれば、それによって生み出される快の感情もそのような普遍性を持つということです。

つまり、《パンドラ》について感じた快の感情は、《パンドラ》を前にして抱いた調和から生み出されるからこそ、僕個人のものであるのにすべての人に伝達可能であり、その意味で普遍的であることができます。この快は、調和という原理のもと、それを根拠として正当な仕方で可能になっています。調和は、実際に快の感情を生み出すとともに、自らの普遍性に基づいて快の普遍性を保証するのです。

これにより、快の感情が個人のものであるにもかかわらず普遍性を持つことにも、他のあらゆる人に一致や賛同を要求することにも、ちゃんとした根拠が認められ、快の感情および趣味判断が越権行為を犯しているのではないかという疑いは払拭されました。快の感情は調和によって正当化されたのです。

演繹論について

ついでに、本節が説明してきた正当化と「純粋な美的判断の演繹」という箇所の関係に触れておきたいと思います。この箇所は『判断力批判』の第三十節から第三十八節（終わりがどこなのかには議論がありますが、本書では実際に演繹を終える第三十八節を終わりと考えます）に該当し、「演繹論」とも呼ばれます。

これまでにも「演繹」という言葉は何度か登場しているものの、その意味を確認していませんでしたね。演繹とは何でしょうか？　みなさんのなかには数学や論理学が得意な人もいるはずです。その人はおそらく次のように答えるのではないでしょうか？　演繹は、普遍的（一般的）な前提から特殊（具体的）な結論を導く推論である、と。その典型は三段論法として知られています。三段論法の有名な例には、「すべての人間は死ぬ（普遍的な前提）。ソクラテスは人間である。ゆえに、ソクラテスは死ぬ（特殊な結論）。」というものがありますね。

これは演繹の理解として正しいです。「なるほど、じゃあカントもこの意味で演繹という言葉を使っているのか」となりそうですが、ところがどっこい、そうではありません。カントにとって演繹とは「越権行為を合法化すること」（KU 第三〇節）、その根拠を示してそれが越権行為ではないと証明することです。つまるところ正当化です。正当化が演繹論のテーマになっているのはこのためです。ちなみに、他の著作でもカントは基本的に「演繹」という言葉をこんな意味で使用しています。

演繹論がどの正当化をテーマとしたのかと言えば、本節が見てきた調和による正当化です。演繹論は、「純粋な美的判断（＝趣味判断）の演繹」という表題を持っていたり、「趣味判断はいかにして可能であるのか」（KU 第三十六節）という問いを課題としていたり、趣味判断のあらゆる人に対する賛同の要求を越権行為と捉えていたりとして、どう見ても趣味判断を正当化の対象にしています。なので、快の感情の正当化を問題とする本節の説明とは齟齬があるように見えます。しかし、正当化の核心部分では普遍的な快の感情がいかにして可能であるのかという快の正当化をめぐる問いが問題にされていたり、実際に演繹を遂行する第三十八節では先に見た調和の論証を中心に、それが正当であることがより強いかたちで再確認されていたりします。

つまり、演繹論は、調和という原理をたよりに、趣味判断の正当化を快の感情の正当化を通じて遂行していると言えます。そのうち後者の正当化に関わる部分を抜き取ったものが本節の説明でした。

なので、実際に演繹論を読むさいには、次のことに注意するといいでしょう。まず、演繹論は趣味判断の越権行為（＝あらゆる人に対する賛同要求）の正当化を任務にしていること。次に、この正当化は、趣味判断がいかにして可能であるのかという問い、より正確に言えば、趣味判断の根拠である快の感情がいかにして可能であるかという問いへの応答によって遂行されるということ。最後に、この応答の中心には、認識のための構想力と悟性の連関、つまり調和があるということです。

最三節　自然の合目的性という原理

自然の合目的性による正当化

最後に、自然の合目的性に関わる正当化です。

自然の合目的性については、前章第三節で急ぎ足に触れただけなので、まずはもう少し説明をしておきましょう。

合目的性という概念は第三章のテーマでした。何だったか覚えてますか？　合目的性は原因性の一種です。「原因性って…？」となった人もいるでしょう。原因性とは、原因と結果の関係性のことで、結果には必ず原因があるというやつです。こうした原因性のなかでも、目的について原因と結果が関係づけられたものが合目的性でした。大学に入学するため（目的）に勉強した（結果）、早起きするため（目的）に酒を控えた（結果）、など。こうした目的を原因として或る結果を導く関係性が合目的性です。これでも思い出せないという人は第三章第一節を読み返してみてくださいね。

こうした合目的性に「自然の」がつけられていることを考慮すれば、自然の合目的性とは、自然が目的を原因として何らかの結果を導くさい、そこで自然が従っている原因性となるはずです。自然は、大地を潤すために雨を降らせる、人間に罰を与えるために災害を引きおこす、など。あるいは転じて、自然が特定の目的に向かって合目的的に振る舞う事態そのものを指す場合もあります。

この概念が導入された理由はいくつか存在しますが、ここでは快の感情の正当化という文脈に絞って考察していきましょう。共通感覚と調和による正当化は快の感情の必然性と普遍性の保証に関わるものでした。これに対して、自然の合目的性による正当化は、快として現れる合目的的なこころの状態の保証に関わります。なので、厳密に言えば、快の感情そのものの正当化ではありません。ただ、本書でそうした厳密さを追求してもしかたありませんし、快の感情がいかにして可能であるのかに答えるものではあるので、この正当化も快の感情の正当化と見なします。

さて、快の感情を生み出す調和は、認識の成立を目的とした合目的性に従って形成されるこころの状態でした。それ自体が合目的的な状態です。このこころの状態を抱かない限り、快の感情が生じることはできず、趣味判断を下すこともできません。何かを美しいと言うことができなくなります。

合目的的なこころの状態を形成できるかどうかは、一見すると私たち主観の側だけの問題のように見えます。私たちのこころのなかに認識を目的とした合目的性とそれに基づく認識能力の働きさえあれば、そこに合目的的な状態が形成されそうですから。私たちのなかだけでカタがつくカンジがします。

しかし、そう話は単純ではありません。たしかにこころの状態も感情もそれを抱き感じるその人個人のものです。それを成せるのはその人以外にはありえません。しかしその一方で、合目的的な状態を抱く、快を感じるさいには、対象（＝客観）が不可欠なのではないでしょうか？「このバラが美しい」、「あの山は綺麗だ」、「《パンドラ》は美しい」など、そこにバラ、山、《パンドラ》がなければ話は始まりませんから。

つまり、私たちは、それがいくら自分だけのものであっても、こころの状態を独断では決めることができません。対象から何らかの影響を受けざるをえないのです。なので、何かを美しいと見なそうとしても、ときにはその対象のせいで合目的的な状態（＝調和）を形成することができない場合もあります。宝石を美しいものとして鑑賞したくても、どうしてもその値段が気になってしまう。近くの海を綺麗だと思いたくても、漂うゴミがどうも気になってしまう、などです。

こうした状況で、私たちの都合でだけでこころの状態を決めることになれば、それは越権行為になりかねません。客観から影響を受けてしまう状況で特定のこころの状態を形作ることができる根拠は何なのでしょうか？　私たちはいかにして対象に対して合目的的なこころの状態を形成することができるのでしょうか？

この問いに答えるのが自然の合目的性です。目的について自然が従う原因性である自然の合目的性、それによっては、自然が目的のために合目的的に振る舞うことになり、合目的的な自然という対象が成立します。こうした自然であれば、私たちはその自然に対して合目的的なこころの状態を抱くことができます。なぜなら、合目的的な自然は、宝石やゴミが漂う海のように、こころを動揺させたり、その注意を散漫にさせたりはせず、その合目的性のゆえに合目的的なこころの状態に合致することができるからです。

話はけっこう単純です。私たち主観が何かの対象に対して合目的的なこころの状態を形成できるためには、客観（＝対象）の側も同じ状態にあることが可能でなければいけない、ということです。

客観がこころに影響を及ぼす以上、私たちが合目的的な状態をこころのなかで形成しようといくら努力しても、客観がそれに合致する状態であることが可能でなければ、そうした状態を作ることはできません。それができるには、自然が合目的的な状態として可能であることが欠かせないのです。そして、その可能性を保証する概念こそが自然の合目的性だったのです。

まとめましょう。自然の合目的性は、自然が目的を原因としてそこから何らかの結果を導く原因性であり、自然を合目的的な自然として規定する概念です。このおかげで、自然には合目的的な自然というものが可能になり、私たちも、自然の対象に対して合目的的なこころの状態を作ることができるようになります。越権行為は回避できますね。またこれは、その現れである快の感情の可能性が保証されたということでもあるので、自然の合目的性は快の感情を正当化したことにもなります。「合目的」と書きすぎて疲れました。

自然の合目的性の正当化

ここまでの説明を聞いて「あれ、おかしいぞ」と思った人はいませんか？　そんな人がいてくれたら嬉しいです。

そうです。以上の説明には致命的な問題が潜んでいます。それは、自然が目的のために合目的的に振る舞うということそのものです。というのも、そうなれば、自然が目的を立て、意志を持っていることになってしまうからです。

たしかに「自然の大いなる意志」みたいなスピリチュアルな発想はありますよ。でも、自然が本当に意志を持つとなれば、自然に、人間と同じような人格や尊厳、人権を認めなければならないというおかしな事態を招くことになります（もちろん自然保護についての議論は重要ですが）。これは、自然と自由を明確に区別するカントにとってはおかしいどころか絶対に避けなければならない事態です。カント自身も「自然の産物に、それについての自然の目的への関係を与えることはできない」（KU序論第Ⅳ節）とキッパリ否定しています。それなら、さっきの僕の説明が間違っていたのでしょうか？

そうではありません。カントは、この問題がおきることをわかったうえで、自然の合目的性を導入しています。ただし、そうした問題がおきないように次のような工夫をしているのです。

実際に自然がその目的を持っているとすれば先の問題は避けられません。しかし、それが想定されるだけであればどうでしょうか？　自然が合目的的であるという事態および自然の合目的性を想定するだけなら、自然の意志とか人格とか尊厳とか、そういった或る意味で困った結末を避けることができるのではないでしょうか？　あたかも自然には目的についての原因性があるかのように見なす、あたかも自然が合目的的であるかのように見なす、このレヴェルにとどめるということです。

こうした工夫によって問題を回避できる一方で、そのように想定することは正当であるのかという別の問題が生じます。勝手に想定するだけならだれにでもできますからね。この問題は『判断力批判』序論の第Ⅴ節から第Ⅶ節あたりで自然の概念との関係から扱われます。以下、見ていきましょう。

さて、カントによると私たちは自然をどのように認識することになるのでしょうか？　自然の対象については、悟性の概念を使って、例えば「バラは赤い」というかたちで認識します。もっと複雑な現象については、諸概念に基づく自然法則を適用することで「すべての物体は重さを持つ」（万有引力の法則）などの普遍的な認識を作りあげます。自然は普遍的な概念や法則のもとで理解されるわけです。こうした自然は「自然一般」と呼ばれます。ちなみに、この認識の構造を明らかにしたのが『純粋理性批判』でした。

しかし、普遍的な法則のもとにある自然一般が自然のすべてではありません。当たり前ですが、悟性の普遍的法則には縛られない「特殊な自然」も存在します。例えば、美しいバラ、崇高な大海、これらは特殊な自然の典型です。また、小動物の個体数が多いのは肉食動物に捕食されるためだ、というのも特殊な自然に関わる理解です。ただし、悟性の法則に縛られていないからと言って、特殊な自然はどんな法則や規則も持たないというわけではありません。普遍的ではない法則、つまり特殊な法則は存在するはずですし、そうした法則や規則は互いにまとまったり、体系を作ったりするはずです。そうでないと特殊な自然は単なるカオスになってしまいますから。

なので、特殊な自然を認識するためには、特殊な法則や規則、そしてそれらのまとまりや体系を考えざるをえません。法則や規則についてもそうですが、そのまとまりや体系には統一のようなものが不可欠です。統一がないと散逸してしまいます。つまり、自然一般からいわば漏れてしまう特殊な自然を、それがカオスとはならない仕方で認識するためには、何らかの統一がなくてはならないということです。

この統一として想定されるものこそが自然の合目的性です。現実には存在せずともあたかも自然に目的があるかのように見なすことができれば、目的に従って可能になるような法則や規則、そして体系に統一を与えることができるからです。逆に、自然の合目的性を想定しなければ、特殊な法則や規則、まとまりや体系を考えることができず、特殊な自然を散逸しない仕方で認識することは不可能になってしまいます。

けれども、私たちは事実として特殊な自然を認識しています。なおかつ、それは支離滅裂のカオスではありませんよね。それに、日常では、自然を普遍的な法則から認識することの方が少ないのではないでしょうか？　であれば、私たちは自然の合目的性を必然的な前提として認めないわけにはいきません。だって、それを想定しないと、日常でしている特殊な自然の認識ができなくなるからです。そのような認識を行なっているんだったら自然の合目的性を想定することも必然的なものとして認めざるをえないでしょ、というのがカントの論法です。

したがって、自然の合目的性を想定することは正当になります。そして、この正当性は、自然の合目的性によって可能になる特殊な自然の認識に、自然を美しいと見なす趣味判断も含められることから、快の感情の正当化のために自然の合目的性を想定する場合にも通用します。

ちなみに、カントにとって自然の合目的性は特別な概念だったようです。特殊とはいえ自然の認識を可能にする原理だからです。私たち人間の認識や経験、行為がいかにして可能であるのかを問題にし、その可能性を支える原理を探求してきた超越論的哲学としてのカント哲学にとって、認識の可能性を支える原理は「超越論的原理」と呼ばれ、自然の合目的性もそこに数え入れられます。

自然の合目的性は、快の感情および趣味判断を可能とするだけでなく、例えば、葉っぱは幹に養分をあたえるために生い茂っているとか、草食動物は肉食動物のために存在しているとか、趣味判断以外の特殊な自然の認識（上記の例は目的論的な認識です）をも可能する原理です。美学のためだけの原理ではない点は覚えておいてもいいでしょう。

自然と芸術

すみません、もうちょい続きます。

というのも、おそらく次の点が気になっている人がいるはずだからです。自然の合目的性は、私たちが合目的的なこころの状態を作るために必要な、対象（＝客観）側を規定する概念でした。自然の合目的性を前提にする対象だから、それに対して、そうしたこころの状態を抱き、快を感じることができ、趣味判断を下すことができます。でも、趣味判断の対象は自然の対象に限られませんよね。本書でも、《接吻》や《パンドラ》などの芸術作品を例として取り上げてきましたし、芸術作品を美しいと判断することはよくあることです。それなのに、どうして「自然」の合目的性なのでしょうか？　気になりませんか？

答えから言ってしまえば、趣味判断の典型的な対象が自然だからです。自然と芸術という二元論はもはや現代では怪しくなりましたが、カントの時代、その二つは明確に区別されていました。いわば水と油です。自然が人の内面とは無関係なのに対して、芸術には人の意図や目的、欲望、意志が反映されます。こうした区別をしたのは自然と自由を分ける世界観があったからでしょう。

ここで思い出して欲しい概念があります。関心という概念です。関心は欲求能力の規定に関わり、意志の働き、欲望や目的にともなわれる快の感情でした。人と切り離されている自然は当然ながら関心とも無縁です。しかし、芸術は違います。人の目的、欲望、意志を反映したり、前提したりする芸術はどうしても関心を引きおこしてしまうのです。

ここでさらに思い出して欲しいのが、趣味判断の根拠となる快の感情は関心を欠いていなければならないということです。つまり、基本的に趣味判断は芸術を対象にはできません。趣味判断の典型は、「このバラは美しい」、「別府湾が綺麗だ」、「八方尾根が美しい」といった自然を対象としたものです。それゆえ、対象側を規定する概念としても「自然」の合目的性が想定されたわけです。カントはしばしば「自然美の人」と呼ばれることがありますが、それはこうした事情によります。

じゃあ、みんなが美しいと評価する芸術作品はどうなるのでしょうか？　芸術美は本当は美ではないなんていう驚きの結果になるのでしょうか？　大丈夫です。ちゃんとカントは芸術作品を美しく判断できるロジック（あるいは言い訳？）を用意しています。その鍵になるのが「天才」という概念です。天才は、芸術に独自の規則を与える才能であり、独創的で範例になる作品（＝マスターピース）を産み出します。重要なのは、天才が自然から与えられた才能であるという点です。天才は人間のなかの自然なのです。そのため、天才によって与えられた規則は自然が与えたものであり、産み出される作品も自然によるものとなります。つまり、天才による芸術作品には、目的、欲望、意志といった人間に由来する要素が含まれないのです。すごい論理ですが、天才による芸術作品は自然物と同じように趣味判断の対象になれます。

なので、芸術美もれっきとした美と言えます。ただ、カント美学では、どうしても美の理想のモデルは自然美にあります。自然美が芸術美に優位するわけですね。ちなみに、ちょっとあとのヘーゲル美学ではそれが逆転します。

カント美学における芸術についてもっと知りたいという人は、『判断力批判』の第四一節から第五四節をのぞいてみてください。カントの芸術論や天才論は、具体例も多く登場するので、『判断力批判』のなかでは比較的わかりやすい箇所です。ここまで本書を読んきたみなさんは一人でも読めるはずです。

第四節　女性の排除

近代の自然科学の使命は、自然を探求し、征服し、支配することでした。ここでの自然に女性のメタファーが適用され「女性としての自然」が考えられていたことは、多くのフェミニスト研究者が指摘するところです。近代以前にも自然や大地、カオスを女性に喩えるジェンダー観があったため、自然科学の征服・支配の対象であった自然にも女性が重ね合わされたと考えられます。例えばF・ベーコン（1561-1626）など当時の自然哲学者（いまで言う科学者）の発言を見ると、男による女の性的支配の描写が、科学による自然の支配を説明する例えに使われていることに気がつきます。

こうした科学の支配がいったん行きわたると、自然は自然法則（＝自然科学の法則）によって捉えられるものだという自然観ができあがり、制御できない自然（＝カオス）はそこから締め出されます。これは、自然科学の領域から、そうした自然に重ねられた女性的なものが排除されるということでもあります。支配する側は男性に重ね合わされているので、近代の自然科学は完全に男性的なものになったわけです。現代でも自然科学の分野に女性が少ないのはこの影響もあるのでしょうか？　まったくないということはないはずです。

以上を踏まえて問題提起したいのは、カント美学（あるいは『判断力批判』）もこのような女性の排除を行なったのではないかという点です。

注目したいのは、前節で見た自然の合目的性です。この原理のおかげで、私たちは、特殊な自然、つまり自然法則には縛られない自然をカオスにならない仕方で認識することができます。その一つが自然を美しいと判定する趣味判断だったわけです。それが想定された事態であるとはいえ、自然の合目的性は、目的についての原因性という自然法則とは異なる法則性を自然のなかに埋め込みます。言い換えれば、自然科学の法則によって捉え切れていなかった自然を、科学とは違った法則に従えるということです。

ところで、その法則性はどこからきたのでしょうか？　もちろん自然からではなく人間からです。ここで、人＝男性、自然＝女性というジェンダーの二元論を持ち出して、だからこの法則性も男性的なものだと言うのはちょっとナイーブすぎるので、もう少し考えてみましょう。

目的を立てることができるのは人間の意志だけです。意志は、実践理性と言い換えられるように、理性の一種でもあり、狭い意味にせよ広い意味にせよ自由です。こうした自由な意志（＝理性）の原因性が合目的性でした（第二章第一節を参照）。自然の合目的性そのものが意志の原因性であるわけではないですが、その法則性は明らかに意志の原因性に由来するものです。それゆえ、人間という大きな観点から見てもそうである一方、理性・自由といった小さな観点から見ても、自然の合目的性の法則性は男性ジェンダーをおびていると言わざるをえません。

自然科学の法則では捉えきれない自然には女性性が結びつく余地もあったのかもしれません。しかし、自然の合目的性という概念は、そうした余地をも男性性によって駆逐したのです。自然の合目的性によって可能になる特殊な自然の認識、その典型が美しい自然にある以上、美しさとは男性中心的な自然理解を表す象徴になるのではないでしょうか？

本章では、快の感情の正当化を、その原理の数に応じた三つのヴァリエーションに分けて考察してきました。その原理とは、共通感覚、認識能力の調和、自然の合目的性でした。（しつこいですが）ざっと確認しましょう。

まず、共通感覚は理念の次元で、とくにその必然性について快の感情の可能性を保証する原理でした。共通感覚は理念として想定される必要があり、その想定の正当性も同時に問われるものでした。カントは、私たちがつねに行なっている認識という営みの性質からその正当性を確保しました。

次に、認識能力（＝構想力と悟性）の調和は、直接に快の感情を生み出す源泉であるとともに、その普遍性について快の感情の可能性を保証する原理でした。調和が普遍的でないと、そこから生み出される快の感情も普遍的ではないということで、調和の普遍性が問われたのです。カントは、共通感覚と同じように、私たちの認識の普遍性、つまり普遍的な伝達可能性から調和の普遍性を担保しました。

最後の原理は自然の合目的性です。これは、正確に言えば、快の感情そのものというよりも、快の感情として現れる私たちのこころの状態、つまり合目的的な状態の形成を可能にする原理でした。この原理は、自然が目的を持つという現実には許容されない事態を示すものであり、想定という次元にとどまらなければなりません。そのため、その想定自体が正当なのかどうか、共通感覚と同じように正当性が問われたのです。カントは、自然の合目的性が特殊な自然の認識の必然的な前提になるという点から、その正当性を論証しました。

以上が、快の感情の原理であり、美しさの原理です。いちおうこんな感じでまとめましたが、おそらく情報過多でしょう。もうこれについては「読み返してください」としか言えません。

最後の最後に、（正当化だけではありませんが）とくに正当化について僕がいつも感じることを言っておきます。カントは人間の認識という営みに固執しすぎです。正当化はいずれも私たちの認識のあり方に依存しています。「認識大好きおじさんかよ！」とツッコミを入れたくなります。ジェンダーに関わる問題も、こうした認識への偏愛に由来するものですし、私たちのなかには認識に関わる障がいを持つ人もいます。そうした人は美にアクセスできないのでしょうか？

こうしたジェンダーや障がい者に関わる問題提起は、男性中心的・健常者が主流である哲学のアカデミック業界では軽視されてきました。おおいに反省すべきです。カント美学は、たしかに美という概念に革新をおこした点で評価されるべきです。でも同時にそれは、女性や障がい者を排除する危険性を持ちます。カント美学は、美とは何かを知るために心強い理論である一方で、同じくらい強力な呪いを産み出す理論でもあるのです。これには、いくら注意してもしすぎることはないでしょう。

おわりに

美とは何か？

それでは、これまで見てきた快の感情の分析・正当化を踏まえて、カント美学における美とは何かを考えてみましょう。

快の感情の分析では、無関心性、主観的な普遍性、目的のない合目的性、範例的な必然性という四つの特徴が発見されました。快の感情を根拠にする美もほとんど同じ特徴を持つことになります。美しさとは、欲求とは関係せず、あらゆる人に当てはまり、固有の原因性の現れであり、あらゆる人のお手本になるべきものです。また、ここでの美が快適さや善さといった「よさ」から独立した純粋なものである点、これにともない美の理想が自然美にあるという点も特記に値します。純粋で、独立性があって、普遍性および必然性までをも持ち、範例的である。これがカントの明らかにした美しさです。何というか物々しい感じがしますね。

そして、原理がなければ美しさは砂上の楼閣になってしまうということで、快の感情の正当化では、そのような特徴を持つ美しさには適切な原理があることが示されました。しかも、原理は、共通感覚、認識能力の調和、自然の合目的性と複数用意されていて、異なる次元において正当化を担いました。美は、それに固有な諸原理によってしっかりと支えられているのです。

それ固有の領域を持つ一個の独立した美しさ、これこそがカント美学における美に他なりません。カント以降、この純粋な美の領域をめぐっては、哲学だけでなく芸術学や社会学といった他の学問からも、さまざまな問題提起がなされ、論争が繰り返されています。純粋な美なんてあるのか、美を定義することなんてできるのか、純粋な美は権威的すぎる、などなど。カント美学が明らかにした美しさにはそれだけ大きなインパクトがあったということです。

こうした美について、本書は最後に二つの問題を指摘しておきます（前章のおわりの繰り返しになりますが）。

一つ目は認識概念との関係からです。美しさおよび快の感情を論じるために、カントは認識の概念、あるいは認識論という枠組みに多分に依存しています。カント美学における美しさには認識（論）的な色彩があります。カント自身は、自分が論じる美しさを知的（あるいは論理的）な美しさから区別しているものの、実際には人間の知性、理性に負っているところがかなりの部分あります。知性、理性の圏内から外れるものに美は不可能なのでしょうか？

もう一つは、各章のおわりで問題提起をしてきた通り、ジェンダーの観点からです。カント美学における美しさは男性中心的な概念です。それが女性に見出されることがあってもです。たちが悪いのは、カント美学では、無関心性という特徴のおかげでエロティックな美が否定されるために、一見するとあたかも美しさがジェンダー中立であるかのように見えてしまう点です。しかし、よくよく見てみると、むしろ美の男性化が推し進められていました。

そろそろ終わりにします。カント美学の説明も、美とは何かの説明も本当に難しいですね。『判断力批判』について説明できなかった部分も実はたくさんありましたし、それに「結局、美って何だったの？」という声も聞こえてきそうです。丸投げのようでいささか恐縮ですが、あとはみなさんに委ねたいと思います。そうした疑問さえ糧にして次の探求に進んでみてください。

つき合ってくれたみなさん、ありがとうございました。それと、お疲れ様でした。

ジェンダー概念の問題

ジェンダー概念は、カント美学についての現代的な問題意識を与えてくれました。それによって、美学（ないし哲学）の新しい文脈や美の新しい理解が作られていくことでしょう。ジェンダーは、このように批判概念として機能する点では非常に生産的な概念です。しかし、実は同時に排他的な概念でもあります。みなさんは、ここでの「他」とはだれだと思いますか？

ジェンダーは男性か女性かのいずれかに関わります。なので、ジェンダーの観点から何がしかを問題にした場合、男か女かのどちらかに割り振られる場合がほとんどです。本書では、美が女性的な概念グループから男性的な概念グループへと移行させられたことを一つの論点として取り上げましたが、そこでも女性か男性かということが問題になっていました。これは、ジェンダー概念が男女のみを問題にし、男女以外の者を排除するということを意味します。男女以外を「他者」と規定し、その他者を男女が関わることがらから排除するのです。

たしかに、ジェンダー概念を再考し、性別二元論や二元論から解放する試みが行われ久しいです。そうした研究からすれば、ジェンダーを男女のみに限定することは時代遅れなのかもしれません。しかし、SDGsのゴール5「ジェンダー平等を実現しよう」のアイコンがもっとも象徴的に示すように、いまのところ一般ではジェンダーはやはり男女のみを問題にしていると言わざるをえません。

「ジェンダー平等を実現しよう」のアイコン

こうしたジェンダー概念では、Xジェンダーやノンバイナリー、あるいはクエスチョニングなどのセクシャリティを持つ人が排除されてしまいます。このことに、ジェンダーの観点を採用する研究や論考は自覚的であるべきです。本書も、美をめぐって女か男かしか論じませんでした。これは、場合によっては、美とは男女だけのものであるとか、女性か男性にならなければ美にはアクセスできないとか、非常に排他的な事態を帰結します。そうした危険性があるのです。

言うまでもなく、本書はそのような排除を微塵も意図していません。でも、排除の論理的な可能性があることは確かで、その責任を引き受けないわけにはいきません。そこまでして、本書がジェンダーの観点を採用したのはなぜか？　それは、美という概念に関わる男性中心的な構造に対して問題を提起したかったからに他なりません。本書は戦略的にジェンダーの観点を採用しました。

美とトランス排除

本書の執筆も終盤に差し掛かった二〇二二年夏、S・ジェフリーズ『美とミソジニー』の翻訳が刊行されました。この著作は、化粧やファッション、美容整形などの女性の美の実践を男性支配の「有害な文化習慣」として批判するもので、日常的とはいえ美の概念の男性中心性、あるいは家父長的な構造を指摘するという点では本書と問題意識を共有しています。

ただ、ジェフリーズは、批判を展開するなかで、トランスジェンダー、とくにMtF（割当てられた性は男性である一方で女性としての／女性よりの生を望む人）を差別的に攻撃しています。その理由の一つは、ジェフリーズ等がジェンダーの解体を目的とするのに反して、トランスジェンダー（あるいはトランスジェンダーという概念そのもの）が女らしさと男らしさの維持・強化に資するからというものです。そこには、トランスを嫌悪するジェンダー・クリティカル（G・C）のフェミニストがトランス女性を排除する典型の構図が見て取れます。

僕はこうした方向には断固反対です。少なくともジェフリーズの論証には自己矛盾を引きおこす杜撰な点がいくつかあり、学問的に支持することはできませんし、そもそも差別的な解決を支持できるはずもありません。それに、すでに多くのフェミニスト研究者が指摘しているように、トランス嫌悪、とくにトランスミソジニーは、家父長制を解体するどころか、むしろその強化に貢献します。そんなことをせずとも、美の男性中心性を解体することはできるはずです（例えばクイア神学のように）。僕は、だれかを差別・排除することなく美の家父長制を解体する方法を模索します。

みなさんに誤解されるのは嫌なのではっきり言っておきますが、僕はトランス排除・差別に対して明確に「ノー」の立場です。本書にもそうした意図はまったくないし、本書を含めて、美をジェンダーの観点から批判する僕の研究がそのような心底忌避されるべき目的のために使用されることもまっぴらごめんです。

あとがき

慶應義塾大学でカントの講義を持っていたときに、学生さんから、『判断力批判』やカント美学の解説書や参考書にオススメのものはないですか?」というリアペをもらいました。なので、次の回にはいくつかの本を紹介したのですが、それらの本にアクセスした学生さんからは、「価格が高い」、「難しすぎて余計わからなくなった」、「もっと安くてわかりやすいの書いてください」などのリアクションが寄せられて、現行の本には満足していない気持ちが伝わってきました(「はじめに」でも書きましたが、これは現行の解説書の質が悪いというわけではありません)。これがカント美学の解説書として本書を書こうと思い立ったきっかけです。

それと同時に、「古いカント」ではなく「新しいカント」を教えて欲しいという要望もあったので、本書では現代的な問題の一つであるジェンダーに着目して、その観点からカント美学に対して問題提起を行いました。ジェンダーに着目したのは、それが現在進行形の争点であることも理由ですが、やはりこれまで、哲学の男性中心的な日本のアカデミック業界が看過・軽視してきた論点であったからでもあります。研究者のなかにはいまだに、ジェンダーの問題を物好きがやる問題だとか特殊な問題だとか考える人がいます（しかも、そいつらは悪気もなくそう考えているからたちが悪い）。しかし、この問題は、私たちのもっとも身近にある普通の問題です。そして、普通を「問題」にするのが哲学のはずです。この本を読んでくれた、とくに大学生や研究者の方には、ジェンダーと美学・哲学の問題を当たり前の問題として探求して欲しいと願っています。「美とジェンダー」については、それをテーマに詳しく論じる本を執筆しています。問題提起だけじゃ物足りないという人はぜひそちらも読んでみてください。

このあとは恒例のお礼の言葉になります。

出版を実現させてくださり、内容や形式の修正についても多大なご協力をしてくださったよはく舎の小林えみさんにまずは感謝の言葉を述べたいと思います。初の書き下ろしの単著でしたが、小林さんのおかげで安心して執筆することができました。

また、パートナーであり社会学研究者の征矢法子さんにもこころよりの感謝を伝えたいです。征矢氏との日常的なコミュニケーションや口論?、学術的な議論がなければ、ジェンダーやフェミニズムについての僕の問題関心は決して形成されえなかったはずです。

もちろん家族と僕の先生たち（加藤泰史先生、大橋容一郎先生、樋笠勝士先生）にも感謝を述べたいところですが、長くてくどくなるので、それは近く刊行される（であろう?）学術書の方でお伝えしたいと思います。あしからず。

なお、本書は、勤務先である北九州市立大学特別研究推進費「近代美学における美の概念をジェンダーの視点から批判する：認識能力および心の能力によるジェンダー不平等の隠蔽について」、および日本学術振興会科学研究費「『自然の醜さ』とは何か?：不快の感情に基づく美学的解明」（課題番号：

20K12844）の研究成果の一部です。また、本書の出版は北九州市立大学学長選考型研究費Bから助成を受けて実現しました。

二〇二二年八月　灼熱地獄の別府にて

Press, 2007.
Zammito, John H. *The Genesis of Kant's "Critique of Judgment"*, The University of Chicago Press, 1992.

Kalar, Brent. *Demand of Taste in Kant's Aesthetics*, Continuum, 2006.

Kemal, Salim. *Kant and Fine Art*, Clarendon Press, 1986.

Korsmeyer, Carolyn. Terrible Beauties, *Contemporary Debates in Aesthetics and the Philosophy of Art*, ed. Kieran Matthew, 51-65, Blackwell, 2006.

Kulenkampff, Jens. *Kants Logik des ästhetischen Urteils*, Frankfurt am Main, Vitorio Kloster-mann, 1978: 2nd, enlarged edition 1994.

Kulenkampff, Jens. The Objective of Taste: Hume and Kant, *Nous* : 93-110, 1990.

Küplen, Majca. Beauty, *Ugliness and the Free Play of Imagination*, Springer, 2016.

Longuenesse, Beatrice. *Kant and the Capacity to Judge*, Princeton University Press, 2001.

Lorand, Ruth. Beauty and its Opposites, *The Journal of Aesthetics and Art Criticism* 52(4): 399-406, 1994.

Makkreel, Rudolf. *Imagination and Interpretation in Kant: The Hermeneutical Import of the Critique of Judgment*, The University of Chicago Press, 1990.

Matthews, Patricia. *The Significance of Beauty: Kant on Feeling and the System of the Mind*, Kluwer, 2010.

McCloskey, Mary. *Kant's Aesthetic*, State University of New York Press, 1987.

McMahon, Jennifer. *Aesthetics and Material Beauty: Aesthetics Naturalized*, Routledge, 2007.

Meerbote, Ralf. Reflection on Beauty, *Essays in Kant's Aesthetics*, ed. Ted Cohen and Paul Guyer, 55-86, University of Chicago Press, 1982.

Menzer, Paul. *Kants Ästhetik in ihrer Entwicklung*, Berlin Akademie Verlag, 1952.

Raven, Francis. Mistaking Judgments of the Agreeable and Judgments of Taste, *Kritike* 2 (2):112-130, 2008.

Rind, Miles. Can Kant's Deduction of Judgment of Taste be Saved?, Archiv für Geschichte der Philosophie, *Walter de Gruyte*r 84(1): 20-45, 2002.

Rogerson, Kenneth. *Kant's Aesthetics: The Roles of Form and Expression*, University Press of America, 1986.

Rogerson, Kenneth. *The Problem of Free Harmony in Kant's Aesthetics*, State University of New York Press, 2008.

Rueger, Alexander. The Free Play of the Faculties and the Status of Natural Beauty in Kant's Theory of Taste, *Archiv für Geschichte der Philosophie* 90(3): 298-322, 2008.

Rush, Fred L. The Harmony of the Faculties, *Kant-Studien* 92(1): 38-61, 2001.

Savile, Anthony. *Kantian Aesthetics Pursued*, Edinburg University Press, 1993.

Schönrich, Gerhard. Kants Werttheorie? Versuch einer Rekonstruktion, *Kant-Studien* 104(3): 321-345, 2013.

Schott, Robin M., The Gender of Enlightment, in *Feminist Interpretations of Immanuel Kant, ed. Schott*, The Pennsylvania State University Press, 319-337, 1997.

Seel, Martin. *Eine Ästhetik der Natur*, Suhrkamp Verlag, 2009.

Spivak, Gayatri C, *A Critique of Postcolonial Reason: Toward a History of the Vanishing Present,* Harvard University Press, 1999.

Wieße, Christian Hermann, *System der Aesthetik als Wissenschaft von der Idee der Schönheit*, Leipzig, 1830.

Wenzel, Christian. Das Problem der subjektiven Allgemeingültigkeit des Geschmacksurteils bei Kant, *Kantstudien-Ergänzungshefte* 137, Walter de Gruyter, 2000.

Wilson, Ross. Subjective Universality in *Kant's Aesthetics*, Peter Lang AG, 2007.

Wollheim, Richard. Criticism as Retrieval, *Art and Its Objects*, Cambridge University Press, 1980.

Zuckert, Rachel. The Purposiveness of Form: A Reading of Kant's Aesthetic Formalism, *Journal of the History of Philosophy* 44(4): 599-622, 2006.

Zuckert, Rachel. *Kant on Beauty and Biology: An Interpretation of the Critique of Judgment*, Cambridge University

Cohen, Ted. An Emendation in Kant's Theory of Taste, *Nous* 24(1): 137-145, 1990.
Cohen, Ted. Three Problems in Kant's Aesthetics, *British Journal of Aesthetics* 42(1): 1-12, 2002.
Costello, Diarmuid. Danto and Kant, Together at Last?, *Danto and His Critics*, ed. Mark Rollins, 153-171, Wiley-Blackwell, 2012.
Crawford, Donald. *Kant's Aesthetic Theory*, The University of Wisconsin Press, 1974.
Crawford, Donald. Kant's Theory of Creative Imagination, *Kant's Critique of the Power of Judgment: Critical Essays*, ed. Paul Guyer, 143-170. Rowman & Littlefield Publishers, 2003.
Debord, Charles. Feist and Communication in Kant's Theory of Aesthetic Ideas, *Kantian Review* 17(2): 177-190, 2012.
Dieter, Henrich. *Aesthetic judgment and the Moral Image of the World*, Stanford University Press, 1992.
Derrida, Jacques. *Economimesis in Mimesis des Articulations*, Aubier-Flammarion, 1975.
Düsing, Klaus. *Die Teleologie in Kants Weltbegriff*, Bonn, 1968.
Fricke, Christel. Kants Theorie der schönen Kunst, In *Kants Ästhetik, Kant's Aestheics, L'esthétique de Kant*, ed. Herman Parret, 674-689. Walter de Gruyter, 1998.
Gibbons, Sarah. *Kant's Theory of Imagination: Bridging Gaps in Judgment and Experience*, Clarendon Press, 1994.
Ginsborg, Hannah. *Reflective Judgment and Taste*, Nous 24(1): 63-78, 1990.
Ginsborg, Hannah. Lawfulness without a Law: Kant on the Free Play of Imagination and Understanding, *Philosophical Topics* 25(1): 37-81, 1997.
Ginsborg, Hannah. Aesthetic Judging and the Intentionality of Pleasure, *Inquiry* 46(2): 164-18, 2003.
Ginsborg, Hannah. Kant and the Problem of Experience, *Philosophical Topics* 34(1&2): 59-106, 2006.
Ginsborg, Hannah. Thinking the Particular as Contained under the Universal, *Aesthetics and Cognition in Kant's Critical Philosophy,* ed. Rebecca Kukla, 35–60, Cambridge University Press, 2006.
Ginsborg, Hannah. *The Normativity of Nature,* Oxford University Press, 2015.
Gorodeisky, Keren. Schematizing without a Concept? Imagine that! *Proceedings of the European Society for Aesthetics* 2: 178-192, 2010.
Guyer, Paul. *Kant and the Claims of Taste*, Cambridge University Press, 1979.
Guyer, Paul. *Kant and the Experience of Freedom: Essays on Aesthetics and Morality*, Cambridge University Press, 1996.
Guyer, Paul. Kant on the Purity of the Ugly, *Values of Beauty: Historical Essays in Aesthetics*, ed. Paul Guyer, 141-162, Cambridge University Press, 2005.
Guyer, Paul. The Harmony of the Faculties Revisited, *Aesthetics and Cognition in Kant's Critical Philosophy*, ed. Rebecca Kukla, 162-193, Cambridge University Press, 2006.
Heintel, Peter. *Die Bedeutung der Kritik der ästhetischen Urteilskraft für die transzendentale Systematik*, Bouvier, 1972.
Horstmann, Rolf-Peter. Why Must There Be a Transcendental Deduction in Kant's Critique of Judgment?, *Kant's Transcendental Deductions*, ed. Eckart Förster, 157-176, Stanford University Press, 1989.
Horkheimer, Max. *Über Kants Kritik der Urteilskraft als Bindeglied zwischen theoretischer und praktischer Philosophie*, Frankfurt am Main, 1925.
Hudson, Hud. The Significance of an Analytic of the Ugly in Kant's Deduction of Pure Judgments of Taste, *Kant's Aesthetics*, ed. Ralf Meerbote, 87-103, Ridgeview, 1991.
Hughes, Fiona. *Kant's Aesthetic Epistemology*, Edinburgh University Press, 2007.
Janaway, Christopher, Kant's Aesthetics and the 'Empty Cognitive Stock', *The Philosophical Quarterly* 47(189): 459-476, 1997.

円谷裕二、『経験と存在――カントの超越論的哲学の帰趨』、東京大学出版会、2002。

円谷裕二、『デカルトとカント――人間・自然・神をめぐる争い』、北樹出版、2015。

中村博雄、『カント『判断力批判』の研究』、東海大学出版会、1995。

浜野喬士、『カント『判断力批判』研究――超感性的なもの、認識一般、根拠』、作品社、2014。

檜垣良成、「『抽象的思考』批判――カント哲学に通底するもの――」、『哲学・思想論集』第31号75-90頁、筑波大学哲学・思想学会、2006。

プラトン、『国家』上下、藤沢令夫訳、岩波文庫、1979。

牧野英二、「体系と移行――カント『判断力批判』の体系的意義について」、『法政大学文学部紀要』1-53頁、法政大学文学部、1991。

御子柴善之、『カント哲学の核心 『プロレゴーメナ』から読み解く』、NHK出版、2018。

水野邦彦、『美的感性と社会的感性』、晃洋書房、1996。

宮崎裕助、『判断と崇高――カント美学のポリティクス』、知泉書館、2009。

持田季未子、「美的判断力の可能性」、大越愛子等編著『フェミニズム的転回叢書フェミニズム的転回――ジェンダー・クリティークの可能性』109-151頁、白澤社、2001。

元橋利恵、『母性の抑圧と抵抗――ケアの倫理を通して考える戦略的母性主義』、晃洋書房、2021。

渡邊二郎、『芸術の哲学』、ちくま学芸文庫、1998。

《二次文献：欧文》

Allison, Henry. Pleasure and Harmony in Kant's Theory of Taste: A Critique of the Causal Reading, *Kants Ästhetik, Kant's Aestheics, L'esthétique de Kant*, ed. Herman Parret, 466-483, Walter de Gruyter, 1998.
Allison, Henry. *Kant's Theory of Taste: A Reading of the Critique of Aesthetic Judgment,* Cambridge University Press, 2001.
Ameriks, Karl. *Interpreting Kant's Critiques,* Oxford University Press, 2003.
Bartuschat, Wolfgang. *Zum systematischen Ort von Kants Kritik der Urteilskraft*, Victorio Klostermann, 1972.
Battersby, Christine, *Gender and Genius: Towards a Feminist Aesthetics*, The Women's Press, 1989.
Battersby, Christine, Stages on Kant's Way: Aesthetics, Morality, and the Gendered Sublime, in *Feminism and Tradition in Aesthetics*, ed. P. Z. Brand and C. Korsmeyer, The Pennsylvania State University Press, 88-114, 1995.
Baum, Manfred. Subjektivität, Allgemeingültigkeit und Apriorität des Geschmacksurteils bei Kant, *Deusche Zeitschrift für Philosophie* 3: 272-284, 1991.
Bäumler, Alfred. *Das Problem der Allgemeigültigkeit in Kants Ästhetik, Dissertation*, Delpin-Verlag, 1915.
Baumanns, Peter. *Das Problem der organischen Zweckmäßigkeit*, Bouvier, 1965.
Baz, Avner. Kant's Principle of Purposiveness and the Missing Point of (Aesthetic) Judgments, *Kantian Review* 10(1): 1-32, 2005.
Böhme, Gernot. *Aisthetik*, Fink, 2001.
Budd, Malcolm. *Aesthetic Essays*, Oxford University Press, 2008.
Caranti, Luigi. Logical Purposiveness and the Principle of Taste, *Kant-Studien* 96(3): 364-374, 2005.
Carlson, Allen. Aesthetics and the Environment: *The Appreciation of Nature, Art and Architecture*, Routledge, 2002.
Chignell, Andrew. Kant on the Normativity of Taste: The Role of Aesthetic Ideas, *Australasian Journal of Philosophy* 85(3): 415-433, 2007.
Clewis, Robert. *The Kantian Sublime and the Revelation of Freedom*, Cambridge University Press, 2009.
Cohen, Hermann. *Kants Begründung der Ästhetik*, Dümmler, 1889.

参考文献

文献表

＊本書は、筆者が作成してきた『判断力批判』のノートを参考に執筆されました。このノートには多くの文献が反映されています。そのため、本書のなかでは直接の引用や参照をしていないものについても、ノート作成のために使用したものについては以下に記すことにします。それが適切だと思います。

《一次文献》

Königlich-Preußische Akademie der Wissenschaften (Hg.), Kants gesammelte Schriften, Walter de Gruyter, 1900ff.

Kant, Immanuel. Kritik der reinen Vernunft, hrsg. von Jens Timmermann, Philosophische Bibliothek, Meiner. 1998.

坂部恵、有福孝岳、牧野英二編、『カント全集』、岩波書店、1999-2006。

熊野純彦訳、『判断力批判』、作品社、2015。

《二次文献：邦文》

井奥陽子、『バウムガルテンの美学：図像と認識の修辞学』、慶應義塾大学出版会、2020。

上野千鶴子、『差異の政治学』、岩波書店、2002。

上野千鶴子、「『セクシュアリティの近代』を超えて」、天野正子等編著『セクシュアリティ』（新編 日本のフェミニズム 6）1-46 頁、岩波書店、2009。

小田部胤久、「『移行』論としての『判断力批判』――『美学』の内と外をめぐって――」、『カント哲学のアクチュアリティー――哲学の原点を求めて』88-119 頁、ナカニシヤ出版、2008。

小田部胤久、『西洋美学史』、東京大学出版会、2009。

小田部胤久、「『判断力批判』において ästhetisch とは何を意味するのか」、『日本カント研究』第 17 号 37-46 頁、知泉書館、2016。

小田部胤久、『美学』、東京大学出版会、2020。

門屋秀一、『カント第三批判と反省的主観性――美学と目的論の体系的統一のために』、京都大学学術出版会、2001。

熊野純彦、『カント 美と倫理とのはざまで』、講談社、2017。

S・ジェフリーズ『美とミソジニー』、GC ジャパン翻訳グループ訳、慶應義塾大学出版会、2022。

高木駿、「趣味判断における快の感情の生成――『認識一般』からの捉え直し」、『日本カント研究』第 17 巻 157-171 頁、日本カント協会、2016。

高木駿、「『趣味の主観主義』を拡張する――『判断力批判』における『認識一般』を導き糸に」、『哲学論集』第 45 号 73-88 頁、上智大学哲学会、2016。

高木駿、「趣味判断『このバラは美しい』に関するカントの自己矛盾？」、『美学』第 248 号 13-24 頁、美学会、2016。

高木駿、「趣味判断が誤るとき：『判断力批判』における情感的意識の観点から」、『美学』第 250 号 13-24 頁、美学会、2017。

高木駿、「趣味判断における不快の感情の生成――カント美学と醜さ」、『日本カント研究』第 19 号 121-137 頁、日本カント協会、2018。

高木駿、「自然と自由とを媒介する『自然の合目的性』：『判断力批判』における趣味論の観点から」、『美学』第 71 号 25-36 頁、美学会、2019。

高木駿、「醜さとは何か？：『判断力批判』の趣味論に基づいて」、『哲学』第 71 号 172-183 頁、日本哲学会、2020。

田中綾乃、「自然に対する義務と人間中心主義：カント哲学の 人間観を手がかりに」、『『エコ・フィロソフィ』研究』第 3 号 27-36 頁、東洋大学国際哲学研究センター、2009。

高木　駿（たかぎ・しゅん）
一九八七年生まれ。北九州市立大学 基盤教育センター 准教授。
一橋大学大学院 社会学研究科 博士後期課程修了。博士（社会学）。専門はカント美学・哲学。
日本カント協会第14回濱田賞受賞。論文に「隠された美の家父長制——ジェンダーに基づくカント美学批判」（日本カント協会『日本カント研究』第23号、2022年）、「醜さとは何か？：『判断力批判』の趣味論に基づいて」（日本哲学会『哲学』第71号、2019年）、「趣味判断が誤るとき：『判断力批判』における情感的意識の観点から」（美学会『美学』、2017年）、ほか。本書が初の単著となる。

Nύξ叢書　07

カント『判断力批判』入門
――美しさとジェンダー

二〇二三年三月三一日　第一刷発行
二〇二四年三月一日　第二刷発行

著　者　高木　駿

発行所　よはく舎
〒一八三―〇〇二二
東京都府中市片町二―二一―九
ハートワンプラザ三階

印刷製本　株式会社モリモト印刷
造本設計　大崎善治（SakiSaki）
組　版　トム・プライズ

©2023 Printed in Japan　ISBN978-4-910327-10-5
落丁・乱丁の際はお取り換えいたします。
本書の無断複製は法律上の例外を除き禁じられています。